浙大东方论坛文集／第一辑

尔听斯聪

罗卫东　方志伟　编

ZHEJIANG UNIVERSITY PRESS
浙江大学出版社 | 全国百佳图书出版单位

图书在版编目(CIP)数据

尔听斯聪/罗卫东,方志伟编. —杭州：浙江大学出版社，2012.3

(浙大东方论坛文集;第1辑)

ISBN 978-7-308-08888-6

Ⅰ.①尔… Ⅱ.①罗…②方… Ⅲ.①社会科学一文集 Ⅳ.①C53

中国版本图书馆 CIP 数据核字(2011)第144086号

尔听斯聪

罗卫东　方志伟　编

出版统筹　黄宝忠
责任编辑　葛玉丹
文字编辑　陈佩钰(yukin_chen@hotmail.com)
封面设计　林墨白
出版发行　浙江大学出版社
　　　　　(杭州市天目山路148号　邮政编码310007)
　　　　　(网址：http://www.zjupress.com)
排　　版　杭州大漠照排印刷有限公司
印　　刷　杭州丰源印刷有限公司
开　　本　710mm×1000mm　1/16
印　　张　15.25
字　　数　213千
版 印 次　2012年3月第1版　2012年3月第1次印刷
书　　号　ISBN 978-7-308-08888-6
定　　价　36.00元

浙江大学出版社发行部邮购电话(0571)88925591

序　言

大学之“大”，在于大师，大师之“大”，在于其学问之专深、气象之宏阔，境界之高迈，概言之，实为精神之“大”。综合性大学区别于职业院校的一个重要特征就是既注重学生的专业训练，更注重培养学生深厚的人文素养、独立的思想人格、广阔的历史视野。一所好的大学要引导学生去追求超越个人感官经验的科学精神、历史理性和人类情怀，它必须要肩负起追求学术真理、推动文化传承创新和砥砺思想方式的多重功能。近代以来，博雅教育的勃兴，根源盖在于此。

国有成均，在浙之滨。浙江大学，这所有着近百二十年历史的国立综合性大学，虽历经坎坷，办学使命未曾更改；几遇沉浮，求是学风日益强固。竺可桢长校期间，一手抓科学教育和专业训练，另一手抓人文教育与精神涵养，既延揽了苏步青、王淦昌、束星北等大批杰出科学家来浙大为学生传授自然之道，更礼聘马一浮、梅光迪、张荫麟等文史大家到校为学生开启心灵智慧、揭示社会之理，校长本人兼通文理，统筹发展大局。由此，逐渐奠定了人文教育与科学教育并驾齐驱、自然科学与人文学术比翼双飞的办学特色，形成了真正意义上综合性大学的办学模式。为承续这一伟大传统，新浙江大学一直在探索新时代博雅教育的道路，除鼓励和支持学科开展多元化的教育模式试验，更尝试在学校层面构筑平台，提供条件，寻求新的方向。“浙大东方论坛”应运而生。

论坛始创于2003年，因学校地处祖国之东方，后又得香港东方集团资助，乃冠名为“东方论坛”。它秉具浙江大学“求是启真”的办学宗旨和学术至上的精神追求，努力在物欲中打造一方净土，让莘莘学子们得享来自思想的宁静；在流俗中铸就一处圣地，让无知无畏的后来人产生对历史的虔敬；在虚无中搭建一副脚架，让负重攀援的精神行者有不断向上的支点。面对商业、政治和科学主义沙尘暴的侵蚀，我们全力栽树种草，努力守护文明的绿洲。

论坛开办至今，已举办近百场讲座。众多的大师、名家，来到这里，传播知识、阐释思想、启迪智慧。他们，无论境遇是兼济还是独善，态度是温暖还是冷峻，亦无论其偏爱在国学还是西学，关注当下还是长远，皆以深邃而洞明的学识，多元而独立的思想，通达而坚守的态度，给莘莘学子注入课堂外的知性营养。"东方论坛"已经成为浙江大学文化版图的新地标。

受物理条件之限，论坛的现场最多只可容纳数百人，虽有视频上传至学校网站，但内外有别，访问受益者毕竟有限。近来屡有呼声，要求将论坛各讲座录音整理文字刊布，以惠及更多师生和社会大众。本着"学术为天下公器"之心，学校组织人员对讲座进行甄选，按其重要性及影响力大小的标准，择定若干内容精心整理成文字，结集付梓，按时序分册刊印，公开出版。

文集名"尔听斯聪"，采自马一浮所做浙江大学校歌歌词，取其聆听智言，启发思考，识达清明之意。

诚邀各位读者收拾起知识行囊，展开思想翅膀，与我们一起仰观人类精神的苍穹、追溯世界文明的源流、开拓心灵与思想的疆界。愿各位的这趟知性之旅满载而归。

是为序。

罗卫东

2011 年 12 月 8 日于启真湖畔

目　录

人文教育与大学灵魂

杜维明

杜维明 1940年生，祖籍广东南海。哈佛大学东亚语言与文明系教授，曾任哈佛燕京学社社长。1961年毕业于台湾东海大学，后赴美留学，获哈佛大学硕士、博士学位。先后任教于普林斯顿大学、伯克利加州大学和哈佛大学，1988年获选美国人文社会科学院院士。主要从事中国儒家传统的现代转化的研究，著有《儒学与人权》、《儒家自我意识的反思》、《现代精神与儒家传统》等。

我感到非常荣幸，能有这样一个非常难得的机会来和大家一起讨论“人文教育与大学灵魂”的课题。

大学的教育理念

“灵魂”这个名词，在学术报告中并不多见，特别是从实证科学这个角度来看。实证科学家不会把灵魂、灵觉、心灵当做自己的研究对象。因为他们的研究对象必须有客观的基础，而且能够被量化，这样实证科学的研究才是可能的。因此，“灵魂”或者“心灵”这样的对象不符合实证科学研究的原则。

但我对科学的理解可能不一样。

在哈佛大学的校园里，有一座铜像，在它的右侧，上面刻有三本书，有两本是翻开的，而另一本则没有打开。这种设计是有独特寓意的，它象征着在人类知识领域中，有一些真理是不能靠理智获得的，但是这些真理却非常重要。

哈佛的校训是“真理”。有些真理是我们可以把握的，但是有些真理我们却没有办法通过一般科学实证来掌握，那就是人文领域的真理。比如：人是什么？人生的意义是什么？人的终极关怀是什么？一般人认为，这些好像都是一些没有答案甚至是虚无缥缈的问题，从事科学研究、从事知识探讨，不需要知道这些事情。但是那些真正在科学上取得巨大成就的国家，并没有这样去思考问题。比如：2009年，我受邀到德国去参加一个学术会议。这个会议的主持者是德国的总理，总理在他家里邀请15位哲学家参加会议。这次会议有两个主题：一个是“何为人”，还有一个是“我们为什么在这儿”，也就是探讨人生的意义的问题。所以说，这些问题不仅是一般人应该注意的，而且社会精英层面也应该予以足够的关注。德国就提供了这方面的范例。

这些课题虽然不在实证科学探讨的范围之内，但是并不意味着这种知识没有价值。正如我们所了解的，实证科学的研究固然重要，但是实证科学的理念有其偏颇之处，也有其解决不了的问题。大学教育如果仅仅局限于实证科学，那么这样的大学教育至少是不完整的。如果我们对于心灵的真实——不管对真实怎么样去理解——掉以轻心，或者完全不去顾及，那么我们的教育至少不是全面的，甚至可以说这样的教育是比较肤浅的。

在西方知识界，有这样一个词："心灵的深度"——用它来表述追求智慧的思想。这就是来自希腊哲学的智慧。希腊哲学甚至有这样一个观念：如果我们不对我们的人生进行反思，那么我们的人生就是没有意义的。这个观念和儒家传统伦理学中的为己之学、身心之学、性命之学、君子之学等相类似，这些文化传统都致力于挖掘我们的人格的潜能，让我们人格的潜力得到充分的发挥。

人文学和科学都是大学教育的组成部分，一所优秀的大学应该在自己的教育理念中体现这两者。那些到哈佛访问过的人会发现，在校园最突出的位置有一个爱默生的雕像，哲学系的大楼叫做爱默生大楼；另外，学校很多地方还可以看到爱默生的日记或文章的引言。爱默生是一个非常了不起的哲学家。还有威廉·詹姆斯，他是专门研究心理学的，研究社会对人的作用，从各种角度来了解宗教等，对人的精神文明作出了很大贡献。可以这样说，爱默生和威廉·詹姆斯体现了哈佛的校训"真理"。

理性主义不能被等同于实证主义，但现在流行的对理性主义的理解却主要受到实证主义的影响。实证主义思潮大概从 17 世纪、18 世纪开始，到了 19 世纪、20 世纪初叶，随着实证科学的发展发扬光大。这种理性主义抱着这样的一种信念，认为理性可以像光驱除黑暗一样驱除我们知识的蔽障和精神的苦闷，只要光照所及的地方，黑暗就退却。这个信念影响到后来中国的五四运动，而且主要是影响了当时中国的高级知识分子。当时有一个轰动全国的大辩论，有人称之为"科玄论战"，几乎是人文科学和实证科学的论争。代表人文科学的是张君劢，他是梁启超的学生，他的观点是说，有一些体验，有一些人生的智慧，有一些意义的追求，是不能用实证科学来理解的。

现今的科学观念已经比实证主义盛行时期的科学观念拓展了许多，是真正具有科学精神的科学。可是，中国很多的科学家，包括非常有名的科学家，还是停留在实证主义这个基本上已经过时的科学理念之中。典型的例子是把中医当做伪科学，这个看法就并不体现科学精神。因为科学精神最突出的表现就是谦虚，也就是对许多科学不能掌握的领域表示尊重。为什么呢？道理很简单，你知道得越多，那么你就越应该了解到，你所不知道的甚至你根本不可能知道的也就越多。从这点来看，你越是了解这个世界，你就越是知道还有很多很多的事情你不知道。例如天文学、物理学、生物学等领域，知识的推进都体现了这样的道理。

有关人生的意义、人生的智慧、人生的价值等问题，我们应该保持足够的尊重，这些问题是不能够被量化的，不能通过纯粹、客观的方式来加以了解。但我们不能客观掌握的东西，并不一定就没有价值。对于这些课题，我们应该是继续探索，保持谦虚的心态。就像我的一个朋友，他是在数理逻辑方面造诣非常突出的学者，他在退休后专门开了一门课，讲授非科学的知识。

毫无疑问，现在大学是以追求知识为主要目的。但是，所有的大学，除了追求知识和从事科研之外，还要追求人文精神。真正的科学精神和人文精神是相辅相成的。一个科学家不可能在从事纯粹科学研究的时候不受到人文精神的鼓舞。比如，麻省理工学院和加州理工学院，这两所著名的大学在科学和技术领域有着突出的贡献，但是它们在人文学方面也不遗余力地发展。麻省理工学院的经济学、政治学、语言学，加州理工的历史学，都在美国有很大的影响。如果一个综合性、研究型的大学没有人文精神，没有人文学，只有农学、医学、工学等自然科学，那么这个大学从国际的视野来看，可能就成为一个技术培训的基地，很难说是一个综合性的一流大学。

一流大学的标准

什么是一流大学？大家都很关注，我想至少可以用两种标准来评判。一种是大家都熟悉的标准，就是量化标准。另外一种是从“影响”来看，这个“影响”是没法量化的。不管是工科、医科、管理学、农科，它的知识生产都可以用相对客观的标准来排名。这样的排名顺序大家也没有什么争议。

还有一个“影响”的标准，很多人不注重，但是我认为很重要。例如马来西亚大学对于马来西亚，东京大学、京都大学对于日本，汉城大学、高丽大学对于韩国，新加坡国立大学对于新加坡，这些大学对于本国的影响力，远远比美国常青藤所有大学加起来对美国的影响力都要大，但是这种影响力不能量化。我们从中了解到，这些大学有着相同的特征，那就是，人文学的力量毫无疑问都非常强。它对其所在社会的影响力是不可动摇的。人们一想到这个国家，就会想到这个学校。

此外，另一个值得重视的标准是这所大学的历史悠久与否，也就是说这所学校是不是有值得尊重的精神传统。1936 年，胡适先生参加哈佛大学建校 300 周年纪念会。哈佛大学的与会顺序是按照大学的历史排列的，他代表北京大学与会，结果，排名是 572。他排了好长时间才进入会场。后来他做出回应说，我们是京师大学堂，京师大学堂直承汉代太学传统。汉代太学最早成立是在汉代，即公元前 124 年！胡先生之所以如此强调大学的历史，就是因为，学校历史是否悠久，和它的精神传统密切相关。

另外，现在学科分类非常复杂，综合性大学并不是表明其在各个领域都做得很好。比如，哈佛的法律学很好，但是经过这么多年的努力，就是没有办法和耶鲁法学院相比，耶鲁一定是第一。哈佛的历史学相对也比较差，伯克利的历史学一直排名第一。所以，我们更切实的考虑是如何把自己的强项往前推进。我相信浙江大学也有相对较强的学科。所以一所优秀的大学，并不是说必须要在各个领域都做得好，但一定要有自己的特色和强势学科。

人文学是对人的智慧进行自我认识、自我了解最贴切、最直接的学问。这些学科就是文学、哲学、历史、心理学、法学等，它们都是在塑造大学灵魂的过程中不可或缺的，它们应该和理、工、农、医配合起来成为大学精神的共同组成部分。如果一个大学只突出理、工、农、医，但人文水准不强，就很难成为真正的一流大学。

一般有这样一个偏见，认为我们要找到一个人文学者很简单，但要找一个从事实验科学的学者很难。因为我们要为后者引进设备、建立实验室等，需要大量的资金和设备投入。但是，要真正发挥一个人文学者的潜能又何尝容易。要找一个真正研究人文的学者，也要为他创造一个极其宽松的空间。他需要自己的教研室和图书，还需要自由的学术空间可以进行必要的交流和讨论。这些自由的条件和宽松的学术氛围对于人文学科何其重要！这种自由宽松的氛围甚至需要硬件来保证，比如大的会议厅，乃至茶室和咖啡厅。我举个例子，法兰克福大学的文科楼，进去以后有一个大厅，至少是我们讲堂的10倍大。这个大厅摆放的全是圆桌，每个圆桌可以坐七八个人，提供简单的饮食，购买非常方便。常常是每张桌子都坐满了人，有人讨论一些具体事务，也有人谈严肃的学术话题。因为所有的文科都在这个大楼里，所以教授、学生都在这里活动，一天24小时不停。这给大学创造了人文互动的空间。这个例子或许值得大家借鉴。

大学要发展自己的人文学科，一定要突出它的地方特色。理工类学科从一所大学换到另一所大学，还是一样，还可以做同样的研究。但是真正突出大学整体精神的多半是人文学科。对人文学科，我有一个看法，我认为它是具有全球意义的地方知识。就是说每一个大学由于地理的原因或周边人文传统的原因而具有它的特色，但这个特色又不是完全局限在这个大学之中，而是对具有普遍意义的人文学问题能够提供自己的贡献。这种特色越凸显，这个大学的影响力就越大。

从整个大学的发展来看，大学的兴衰和它所在的国家的综合实力也密切相关。因此，在不同的历史时期，世界优秀大学的格局也在不断变化。19世纪像样的大学都在德国，像柏林大学、汉堡大学、海德堡大学等，现在世界著名的学府大多集中在美国和欧洲。到了21世纪，在未来的10年、20年、30年以后，美国大学是否会一直强势，有没有其他的可能呢？这些还难说。当然，就现阶段而言，坦率地说，就我所了解的中国的大学，要想在10年内赶上美国大学，都很难。这有很多原因，除了学术体制外，还有学术氛围和学术风气的问题。我们需要真正开放的学风，也就是为坚持严格的学术标准，围绕共同的学术目标，互相促进、互相鼓舞、互相勉励的学风。但我们现在的“内耗”很严重。我到国内来访问的时候，和一些大学教师交流，问他们：你最佩服的教授是谁？他们肯定回答是自己的导师。那导师之外呢？是导师的导师。我问一些导师：不管是在哪个大学，你同辈中有没有你佩服的，应该向他学习的？ 大多人认为没有值得佩服的同行，甚至对同行的工作很少给予比较积极的评价。 针对这种风气有很多可以改进的地方。

我们的大学现在处在市场经济的大环境之中，当然市场经济是创造财富不可或缺的机制，但是当市场经济渗透到每一个领域，社会就会变成一个市场社会，除了企业，其他行业的创造力都很难发挥，这样就会使学术界的创造力难以体现。 所以我想，如果我们要发展大学，就应该先把浮躁的风气去除掉。

回过头来，我们看一下我们面对的最根本的问题：大学的目的是什么？ 我们为什么要办大学？ 从学生、老师、学校，一直到社会，很多人都有这样一个观点：大学是为社会服务的，如果不为社会服务，大学的价值就减少了。 可是英美那些有着悠久历史和重要影响力的大学却不是这样。 我对英美一些著名高校的看法做了一些总结：大学最重要的目的就是培养人才，要使得各种不同类型的年轻人的知识得到扩展，想象力得到开发；让他们学会自我反思，能够追求智慧；让他们学会倾听，并且发展理性对话的能力。 总之，要让他们发展一些内在的价值。丢掉这些内在价值，而去根据社会的现成需要提供技术人才，这不是大学的任务。 大学确实要为社会服务，但并不是说社会需要什么，大学就根据需要提供什么。 这种服务是消极的，长远来看是扼杀原创力的。 大学应该为社会创造现在没有的东西，甚至为社会发展指示方向，所以大学应该寻找社会的需要，不管是在政治、经济方面，还是在文化方面，而不是紧跟形势去满足社会的需要。

大学在培养人才的同时，还应该成为文化与精神传统的承继者。一个大学是人类社会文明的结晶，它是一种社会的文化承诺。 它需要集中一些有文化素养与精神追求的知识分子，不仅传播知识、造就人才，而且传递和发展这个社会的核心价值，因此，大学是精神文化传统的创造者和传承者。 现在很多大学依靠行政资源或者商业资源把与财政、金融、管理等有关的学院越做越大，而人文类的学院就越缩越小，到最后，既不培养人才，也不传承文化，这个大学就彻底失职了。

大学除了要培养人才、传承文化，还要有批判的能力。 这个批判不是网络上流行的随意的批评，而是负责任的批判、反思性的批判。大学的批判不仅是批判政治，还要批判社会、批判文化、批判媒体，要建立一种批判的精神。从这个角度看，大学应当是培养公共知识分子最重要的场所。公共知识分子的标准非常低，只要是关切政治、参与社会、注重文化的知识人都可以叫做公共知识分子，可以说中国任何一所大学的大学生都是公共知识分子的当然候选人。可是，现在连大学教授都拒绝做公共知识分子，他们对自己专业领域之外的东西完全不关注。他们不关注政治，不参与社会，甚至博物馆、美术馆、音乐厅都不去。现在中国的大学教授专业性越来越强，而且忙于各种量化的学术考评，还有种种为生计所迫的社会兼职，这是很不健康的文化现象。作为知识分子最重要的聚集地，如果连大学都失去了批判的功能，那么，没有任何一个机构可以承担起这样的责任。

关于大学教育的问题，我和前浙江大学校长潘云鹤院士交流过。潘云鹤先生说，工科是办实事，理科是讲道理，文科是探求意义。这三方面都很重要，办实事是为社会创造财富，做基础理论研究是为社会发展提供原创性动力，而文科是为人生创造意义。现在人文学科被边缘化到如此地步，这是值得我们忧虑和反思的。

我认为，一个大学要有进一步发展，要成为世界一流大学，必须要关注人文学。大学的灵魂，或者说大学的精神，必须依靠人文学来塑造。

| 问 | 请问中国的儒家传统与现代化之间有没有共性？

| 答 | 首先说明一下，现代化、现代性、西化等都是西方的概念。五四以来，中国最杰出的知识分子采取了矫枉过正的方式，希望中国向西方学习。因为中国已残破不堪，以中国糟粕中的糟粕与西方精华中的精华相比较，中国是什么呢？当然是封建遗毒、等级制度、小农经济、娶妻续妾的，也就是鲁迅所说的国民性，没有一样是健康的；而西方呢，

是自由、民主、人权。这自然就产生了儒家传统和现代化之间到底有没有共性的问题。

关于这一问题，20 世纪 60 年代在韩国、日本，70 年代在北美，以及 80 年代在新加坡都有过激烈的讨论。20 世纪 80 年代，随着亚洲四小龙的发展，有些学者认为，经济发展的动力从大西洋转移到了太平洋；甚至有这样的观点，儒家伦理比新教伦理更符合现代化的过程，关于这有很多的例子和著述。我们形成的基本定论是儒家伦理和现代化有种亲和性，具体说来，仁、义、礼、智、信这些儒家最基本的价值都是现代化不可或缺的价值。人都是有恻隐心、同情心和慈悲心的，如果在现代化的过程中，突出的是一种强烈的理性，而不顾及人与人之间的同情、关爱；没有正义，而只有法制；没有责任感、诚信、和谐、安定，那肯定是行不通的。儒家最基本的价值不只是儒家的价值、亚洲的价值，也是普世的价值。所以我们再也不能以中国糟粕中的糟粕和西方精华中的精华相比，中国的核心价值要与西方的价值观念进行平等互惠的对话。

经济全球化背景下的文化问题

汤一介　乐黛云

汤一介 1927年生，湖北黄梅人。北京大学教授，曾任北京大学中国哲学与文化研究所所长，中国文化书院院长。1951年毕业于北京大学哲学系，1990年获加拿大麦克玛斯特大学荣誉文学博士学位。主要研究魏晋南北朝的学术思想、中国传统哲学和中国文化问题，著有《郭象与魏晋玄学》、《中国传统文化中的儒道释》、《儒道释与内在超越问题》等。

乐黛云 1931年生，贵州贵阳人。北京大学教授，曾任中国比较文学学会会长。1952年北京大学中文系毕业后留校任教，1981年赴美，先后在哈佛大学和伯克利加州大学从事学术研究，1990年获加拿大麦克玛斯特大学荣誉文学博士学位。主要从事比较文学和文化交流等方面的研究，著有《跨文化之桥》、《茅盾论中国现代文学》、《透过历史的烟尘》等。

汤一介：从新轴心时代到接着西方哲学讲

今天我想讲两个问题：第一个是关于新轴心时代的问题。第二个，我想讲一讲我们中国学者能不能接着西方哲学讲，冯友兰先生有本著作叫《新理学》，他认为《新理学》不是照着宋明理学讲，而是接着宋明理学讲的，那么有没有可能我们不仅接着我们自己的传统哲学讲，而且也能接着西方哲学讲？

大家都知道，德国哲学家雅斯贝尔斯首先提出了“轴心时代”的观念，他认为在公元前500年前后，世界上不同地区都出现了非常重要的、伟大的思想家：在中国他主要提到了老子和孔子，在印度是释迦牟尼，在希腊是柏拉图、亚里士多德，另外还有犹太教的先知、波斯的哲学家，等等。他认为这些哲学家考虑的是宇宙、人生的根本问题，提出了很重要的见解，并且在2000多年的历史中成为了人类的精神宝库。雅斯贝尔斯说：

> “人类必须靠轴心时代所产生的思考和创造的一切而生存，每一次新的飞跃都回顾这一个时期，并被它重新燃起火焰。自那以后，情况就是这样，轴心期潜力的付出和对轴心期潜力的回忆或者曰复兴，总是提供了精神的动力，对这一开端的复归是中国、印度和西方不断发生的事情。”

这样一段话从历史上看，是可以得到印证的。比如欧洲的文艺复兴就是把它的目光投向古希腊，使欧洲文明重新发出了光辉，对人类产生了非常大的贡献。从中国来看，中国受到佛教文化的冲击有好几百年的历史，但是到了宋明时期，我们又通过回溯到先秦的孔孟而产生了新儒学。那么，我们是否可以问一个问题：进入21世纪以后，从世界的范围看，可不可能出现一个新的“轴心时期”？

我想从中国的情况来看，这种可能性是有的。我们都知道，1949年以后由于“左”的教条主义的干扰，中国的传统文化被打断了，造成了文化上的断层。今天如果我们想使中华民族得以复兴，那么就一定要回顾自身文化的发展情况。因为任何一个民族的发展都必须植根于自身的文化，如果它不能甚至于把自身的文化斩断了，就很可能导致被同化或者灭亡。因此，我们需要回顾自身文化的发展，找回自身文化的根子，并且在自身文化的基础上来迎接一个新的时代。一个民族自身的文化根子培育得越好，它吸收外来文化的能力也就越强，所以我想进入 21 世纪，我们会有可能出现一个新的轴心时代。当然，它和公元前 5 世纪前后有所不同，具体我认为有三点：

第一，新轴心时代是跨文化的。原来的轴心时代是在互相没有影响的状况下独立发展起来的，而新轴心时代是思想文化互相影响。二战以后，由于殖民体系的瓦解，欧洲中心论也有所消融，那些取得独立的民族国家很注重对自己文化的认同。比如马来西亚独立以后，首先要解决的就是语言问题，它原来使用英语，但现在就要把马来语定为国语；以色列建国以后也要恢复使用原来的语言，把希伯来语作为通用语言。所以现在各种不同的文化都是在互相影响、互相交融中生存的，一个不受影响的文化是无法生存下去的。

第二，新轴心时代是跨学科的。200 年以前的学科分得非常明显，物理学就是物理学、化学就是化学，但现在不一样：有物理化学、有化学物理学、有生物化学、有生物物理学……它们都是跨学科的。人文科学、社会科学也都是这样跨学科的，新轴心时代不仅是一个跨文化的时代，而且是跨学科的时代。

第三，新轴心时代是精英文化与大众文化的交融。原来的轴心时代的哲学家们的思想一直影响到现在，但这一百多年来哲学流派却是不断变换的，一种学术思潮最多能稳定二三十年。在思想变化这么快的时代，我想很可能出现精英文化和大众文化的交融。比如于丹，很多人都反对她，我不反对于丹，我认为这是精英文化怎么向大众文化转化的问题。大家批评于丹说她这儿讲错那儿讲错了，我认为告诉她错了就可以了，但这并不能否定精英文化向大众文化的这种转化。精英文化应该向大众文化转化，应该和大众文化相交融，因为时代变得太快了，你怎么样影响这个社会，这是非常重要的问题。

我之前提到，冯友兰先生的《新理学》不是照着宋明理学讲，而是接着宋明理学讲，这是有道理的。因为冯先生的《新理学》是吸收了西方哲学的思想来发展宋明理学的，他把柏拉图共相和殊相的问题、新实在论的潜存问题引入到他的哲学中。不仅冯友兰先生，20 世纪三四十年代的一批学者都在这个方面作出了很多贡献，比如熊十力先生、贺麟先生、金岳霖先生等，他们都是接着中国传统哲学讲的大师。但是我们能不能接着西方传统哲学讲？并且，有没有可能把西方哲学在我们中国进行发展？我认为是有这种可能的。

历史上中国有两次大的外来思想输入：印度佛教文化的输入和西方文化的输入。印度佛教的输入经过了三个阶段。第一个阶段就是印度佛教进入中国的初期，它是附会于中国思想的。比方说佛教讲的“五蕴”，我们一开始不知道是什么，就用“五行”来解释它，这完全是一种曲解，但当时就是这么做的。到了第二个阶段，由于交流的增多，两种文化的差异也就越来越清楚，于是就发生了矛盾和冲突，但是中印之间也在进行相互吸收。第三个阶段就是隋唐时期，这时出现了中国化的佛教宗派，最明显的是禅宗，它把儒家的思想和道家的思想加入到佛教里面，把印度禅变成了中国禅。印度禅和中国禅有一个明显的区别：印度禅主“静”，把静看成是最重要的；中国禅主“觉”，就是觉悟，它不需要坐禅，不需要念经，所以他说“一念觉即佛，一念迷即众生”，你一个念头觉悟了你就成了佛了，你一念迷惑了你就成了众生了。在印度佛教里面，修炼是不会倒转的，你往上升就往上升了，不会倒转下来，而中国是会倒转的，你一念迷就又变成众生了。中国禅不仅有禅宗，还有华严宗。大家都知道，印度佛教中《般若经》最先进入中国，《般若经》讲要破除一切东西，破除到最后就产生了一个问题：你破除到最后，佛性还有没有呢？如果没有佛性，人怎么成佛呢？到了隋唐的时候，这个佛性问题就和人的本心联系起来了，而关于人的心性问题本来就是我们先秦儒家讨论的一个非常重要的话题，所以华严宗通过讨论心性问题，又引进了我们的传统思想，使它变成了中国化的华严宗。当然天台宗也是这样，我不具体展开了。在这里我还想说明一点：印度佛教进入中国以后，由于加入了中国的因素而成为中国化的佛教，与此同时，印度本土佛教逐渐衰弱，甚至于将要灭亡，这是文化异地发展的很好的例子。

我们再来看西方文化，特别是西方哲学的冲击。本来中国没有“哲学”这个词，这个词是日本人西周(Nishi Amane)创造出来的，他把“哲”和“学”两个字联系起来变成“哲学”，相当于西方的philosophy，后来黄遵宪把它带到中国，为中国学者所普遍接受。中国原来的哲学思想、哲学问题等大部分是包含在经学和子学里面的，经过了许多学者的努力，把它从经学和子学中剥离出来，成为现在的这个中国哲学。其实西方哲学进入到中国，我们首先要面对的问题就是哲学史的写法，比较早的就是谢无量的哲学史，后来是胡适的哲学史、冯友兰的哲学史，我们要通过这个方式来表明中国是有哲学的。但是到了20世纪三四十年代又出现了吸收西方哲学的新的中国哲学，我把它叫做现代型的中国哲学，比如冯友兰先生、金岳霖先生的那些哲学就是新中国哲学。在这里，我想讨论的问题就是：我们能不能把西方哲学的流派变成中国化的哲学流派？

我举两个例子，一个是我们一些学者正在做的工作——创建中国诠释学，还有一个是马克思主义的例子。

大家都知道，诠释学虽然是一个哲学上的东西，但实际上各个学科都在使用诠释理论。所谓诠释是什么？诠释就是要把思想、把它的意义给揭示出来。据深圳大学景海峰教授的总结，现在海内外有四派不同的人在讲中国诠释学。最早的是在美国的一个华裔学者傅伟勋，他的诠释学叫做“创造诠释学”。“创造诠释学”把哲学思想、哲学命题分了五个层次来揭示它的意义，基本上第一个层次是作者的原意，第二个层次是引申的意义，最后的层次是潜在的意义，他就是要通过这样一层一层的诠释来揭示一种思想的意义。另外一位就是美国夏威夷大学的成中英教授，他在做“本体诠释学”，这个是要揭示哲学的本体意义。成中英教授把西方的本体诠释学叫做“对本体”，就是把本体学作为一个对象来对待；而中国的本体诠释学叫做“自本体”，就是自己对自己来诠释，这是他做的本体诠释学。还有一位台湾学者黄俊杰，他做的是个案研究，把孟子作为对象来进行诠释。再有一个就是我，我主要对先秦的诠释的类型进行分析，我认为在先秦我们对经典的诠释就至少有四种不同的路径：最早是《左传》诠释《春秋》，比如《春秋》里“郑伯克段於鄢”六个字，《左传》就用七百多字来诠释它，这种诠释路径叫做历史事件型的诠释；第二个是《易传》，特别是《系词传》对《易经》的诠释，它是对一种哲学整体性进行的诠释，我们可以把它叫做哲学整体性的诠释；第三种是韩非对老子的解释，我们把它叫做政治运作性的诠释，他对老子解释就是用他的思想——“法、术、势”来解释；第四种路径是《墨经》中《经说》对经的解释，这个后来发展成中国的词典。我现在就在想，如果我们对中国诠释的历史进行一个很好的梳理的话，我们是不是就可以总结出一些有价值的东西补充到西方哲学史里面？这就是我们现在努力在做的，用中国的材料来讲诠释理论的例子。

关于马克思主义的例子，我主要举华东师范大学的冯契教授来说，我认为他是一位有创造性的马克思主义者，他能够把马克思主义中国化。冯先生有一本书叫做《智慧三说》，导言一开头就讲，本篇主旨基于实践认识过程的辩证法，特别是如何通过“转识成智”的飞跃，获得性与天道的认识。这里面有三个问题，他的这个哲学要解决什么问题？他明确提出来是性与天道的问题，这是中国哲学的问题，实际上就是一个天人关系的问题。冯契认为，他这个哲学不是要解决西方哲学的问题，而是要解决中国哲学的问题。第二问题，这个东西怎么来实现？他说要通过“转识成智”的飞跃。“转识成智”是佛教的话，意思是要把知识变成一种智慧。知识一般是通过分析的办法取得的，那么智慧呢？冯契说要通过直觉，你必须有直觉的飞跃才能变成智慧，所谓智慧就是要达到一种境界。中国哲学和西方哲学很大的不同在于，西方哲学是要建构一个知识体系，而中国哲学则是要追求一种人生境界。冯契就是要通过“转识成智”来实现这个飞跃。这个飞跃在什么基础上实现？他认为是要在实践的认识过程和辩证法当中实现。冯契先生说一种哲学理论，它要化为方法、化为德性，就是说理论必须成为一种解释问题的方法，同时还要成为人的一种德性。理论要变成一种方法，这个是马克思主义的内容，但是理论成为德性，这是中国哲学的问题，冯契先生就是希望把理论、方法、德性都放在一起，所以说他希望做一个中国化的马克思主义者——他是一个马克思主义者，但是他要解决的是中国哲学的问题。

乐黛云：经济全球化时代的新人文精神

非常高兴和大家见面，今天我要讲的题目是“经济全球化时代的新人文精神”，我想分三个问题跟大家一起讨论：首先讲什么是人文精神；第二个讲为什么今天要特别提出新人文精神；第三个是中国文化在21世纪的新人文精神里能够作出什么样的贡献、有什么样的地位。

什么是人文精神？这个词本来是拉丁文，在15、16世纪开始得到广泛的应用，到了16、17世纪文艺复兴以后，它有了好几种不同的含义：一个就是人性，比如人文主义；另外一个是人道主义；还有一个是人本思想。但它们都强调对人性、人的尊严和人的价值的重视，都在研究如何提高人的地位、了解人的本质，它们的重点大部分都落在保证个人的自由发展上，以此来和中世纪神学统治对人的压抑进行抗衡。就中国而言，中国人早在《周易》就讲人文了：“关乎天文，以察时变；关乎人文，以化成天下。”那人文是什么意思呢？人文是要使人能够化解各种各样的矛盾，是要培育人的德性，拥有一个和谐的天地社会。可见中国和西方的人文精神都是在强调对人的重视。但是有一点很不同：西方强调的是个人无限的、自由的发展，中国则特别强调刚柔交错、文明以止。中国人认为人文就是文明要停止的那个地方，人应该对自己有所控制，不能无限制发挥个人的自由或者愿望，只有知道什么地方应该停止才能有一个和谐的社会。所以中国的人文精神跟西方的人文精神是从同一种精神、同一种关注发展起来的，可是它们有不同的方式。

到了18、19世纪以后，人类从农业社会发展到工业社会，马克思认为机器代替了人的劳动，这样人就有大量的时间来发扬自己的个性、做自己愿意做的事情，我们应该达到一种个性的解放。可是事实却恰恰相反，到了19、20世纪，人不仅没有从繁重的劳动里面解放出来，反而被紧紧捆在机械的劳动里面。所以大家可以看到，18世纪要求个性解放的浪漫主义慢慢过渡到了对现实的不满、怀旧的情绪。在这样的状况下面，又有人提倡人文精神。20 世纪 30 年代，哈佛大学比较文学系的第一任系主任白壁德就希望通过借鉴中国的思想，来发扬新人文主义。白壁德反对那种完全没有限制的浪漫主义和完全超乎伦理的客观的科学主义，他希望把西方人文主义和东方人文主义结合在一起。比如他认为人应该自己规范自己，应该克己复礼、中庸自律。但是白壁德的新人文主义并没有真正得到实现。20 世纪末以后，西方社会文化的危机更加严重，很多思想家因此都在反思极端个人主义、极端自由主义带来的危害。他们想了很多的方法来改变这样一种状况，有人主张回到希腊重新考察自己，有人主张以中国作为“他者”来重新衡量自己。比如说法国的一位学者弗朗索瓦·于连，他认为西方并不是为研究中国而研究中国，而是把中国作为一个镜子，作为一个他者来更好地审视他们自己。还有一种情况是直接向非西方的文化吸收养料，比如法国比较文学大师巴柔，他认为中国“和而不同”的思想应该成为重要的伦理资源，使我们能在第三个千年实现差别共存与相互尊重。此外，还有一种是由罗马大学的尼兹教授提出来的，他认为比较文学是一种非殖民化的学科，它使得西方人来检查自己的心态，看看自己对殖民地文学、对殖民地人民是否有优越感，是否有一种优越于别的文化之上的心态。而对于第三世界的人来说，就要看看自己怎样摆脱崇拜西方、崇拜殖民文化的这样一种心态，要重新来衡量自己的文化，找出自己文化的特色。

我们可以看到，西方学界正在寻找各种途径向非西方文化靠拢，追求西方和非西方的和谐的共处。这样就创造了一种相互交流的有利条件，西方文化和非西方文化现在有一个很好的时机，结合起来解决很多世界性的问题。

有一个美国人写了本《欧洲梦》，他把欧洲梦和美国梦对比起来讲，美国梦和欧洲梦的区别并不是地缘的区别，而是不同的时空里不同思维方式和生存方式的区别。美国梦主要是指每一个人都拥有不受限制的精力来追求财富、积累财富。在美国梦里面，首先是私有财产被看做通向个人自由的通行证。一个人拥有的财产越多，就越能具备自主权和流动性，就越能不依靠和受惠于他人，就越不臣服于环境。其次，财富带来一种排他性。财产是自我和他人之间的边界，个人的财富是成功的标志。所以美国梦笼罩的人们不惜一切代价追求消费、纵容每一种欲望，他们崇尚以最大的自由去争取最多的财富。从哲学的角度来看，美国梦代表了自由主义、个人主义、平民主义、实用主义、竞争主义和征服主义，集中起来就是人人可以通过自己的努力获得个人成功。《欧洲梦》的作者莱富金认为美国梦是不可能实现的，美国梦坚持个人利益的最大化，所以缺乏普遍有效性，因为不存在一个可以让每一个人都获得成功的社会，因此在逻辑上美国梦只是有些人的梦，而不是所有人的梦。从本质来讲，美国梦就是粉碎他人的梦想来成就自己的梦想，就是损害世界的梦想来实现美国的梦想。而欧洲梦是一个新的历史观，它是一个基于生活质量，而不是个人财富的无限积累的文明。所谓生活质量，首先是生活要有所保障，其次是公民个人要有主观的幸福感。欧洲梦的第一原则就是把人类的生产、消费和自然的能力联系在一起，反对过分追求。第二是要有个人的自我修养，要有精神生活的提升。欧洲梦以北欧福利国家作为生活理想的典范，它认为自由并不是你想做什么就做什么，而是你可以进入到更多的情景、更多的共同体，拥有更多的选择权利。所谓欧洲梦的两大支柱——多元文化主义和全球生态意识——就是要把人性从物质主义的牢笼里面解放出来，成就新的人性，这也就是我们刚才说的新人文主义的一个方面。欧洲梦还有一个网络经济的特点，网络经济和市场经济不同，市场经济追求自身利益的最大化，而网络经济则强调互利双赢。作者认为美国梦和欧洲梦的伦理基础也是不一样的，美国梦以洛克关于保护私有财产、保护个人自由权利的思想为核心，欧洲梦则是以康德的人权思想作为哲学基础。

当然，所谓欧洲梦是一个正在发展的、刚刚成形的一种思想，我们既不知道它是否绝对正确，也不知道它能否发展下去，但是这种高瞻远瞩的思想对我们依然是很有启发的。在我看来，欧洲梦依然信奉一种地区的保护主义，因为它的基础是高度福利的国家，欧洲梦的最大考验是移民问题。大家都知道，欧洲的生育率是很低的，可是他们的老年人越来越多，只有依靠大量的移民才能保证经济的正常发展。但是移民也要分享他们的福利，如果不能同等地对待移民就不符合欧洲梦。另外还有移民的文化认同与融入问题，这些都给欧洲梦带来许多挑战。

那么，在新人文精神上，我们中国能够作出什么样的贡献？《欧洲梦》的作者莱富金认为在未来世界的文化建构中，中国会占有很重要的地位。中国文化十分强调教育，费孝通先生认为中国文化最主要的特点就是对祖先的崇拜和对子女的培养。所以莱富金认为最能和欧洲梦合拍的就是中国文化。因此他认为中国最应该和欧洲联合、并肩作战，共同寻找一种对更高的个人使命的渴望。还有一个就是在逐渐疏离冷淡的社会里面，欧洲梦特别强调寻找共同体的意识，莱富金认为中国的青年人也应该有这样的要求。我看了这本书觉得他对中国的很多现实情况并不了解，但是他这种良好的愿望对我们还是很有启发性的。

我们说一个人在日益物质化的世界里面寻求更高的个人使命，逐渐从疏离冷淡的社会里面寻找新的温暖群体，这就是21世纪应该形成的新人文精神。在这个新的时代，中国和欧洲都梦想一个每个人的权利都获得尊重、文化的差异受到欢迎、人类能够生活在安定与和谐之中的社会。为此人类需要不断开发新的理念，这一点上，中国和欧洲会找到更多更深层的共通之处，所以世界将它的目光投向了欧盟和中国。人们在问，拥有悠久历史的中国文化能为欧洲梦真正发展成为全人类的世界梦想贡献什么？尽管作出断言还为时尚早，这是非常值得我们讨论的问题。

| 问 | 请问汤先生如何看待儒学复兴的问题？有人认为中国现在儒学还没有真正复兴，您赞同这个观点吗？

| 汤一介 | 现在大家对儒学到底怎么复兴有各种各样的看法。有一种看法认为，儒学最好变成儒教，而且最好由我们国家实行政教合一的体制来做，这是蒋庆他们的主张；还有一种认为儒学在五四以后就已经被批判掉了，现在复兴儒学就是历史的倒退。当然中间还有许多不同的

想法，比方说从熊十力一直发展到杜维明先生的现代新儒学，特别是牟宗三先生主张“老内圣开出新外王”，他认为从儒学里是可以发展出现代的科学与民主的。我的看法是，可不可以从三个角度来考虑儒学：一个是政治化的儒学，这和我们传统的专制社会有千丝万缕的联系；还有一个是道统的儒学，任何学说都有它的传统，儒学也有儒学自己的传统；第三个就是儒学的学术传统，我觉得儒学复兴的应该是它的学术传统，从学术传统方面来考虑哪些是我们能够继承并且应该给它以现代诠释的，哪些是我们必须否定的。

在我们当前民族复兴的时期，当然要重视我们自己的学说，这是没有问题的，但是到底是要复兴哪一些、怎么复兴，确实需要很好的考虑。这种复兴还有一点要注意，就是绝对不能排斥其他民族的文化，排斥其他的民族文化是死路一条，我就是这样一些简单的想法。

｜问｜最近我看到《南方都市报》连续做了好几期关于文艺复兴的大讨论，但是我不知道这个复兴到底应该复到什么地方去，是复到传统儒学还是欧洲梦？欧洲梦给我的感觉就是一个乌托邦，如果真这么复兴的话，会不会导致一种文化大革命？我想我们是不是把文化看得太高了，文化真的能解决社会中出现的这么多问题吗？

｜乐黛云｜你说得很有道理，如果用欧洲梦解决政治经济问题的话当然可能是乌托邦，因为这在中国目前是很难实现的。可是你可以把它看成一种新的人文精神，它能够帮助我们认识人性、认识人应该怎么生活，提供给我们一种新的人生观、新的世界观，我觉得这是非常有用的。现在我们所追求的是人身心的内外和谐，就像最近发生的韩国23岁的青年枪杀了32个和他无冤无仇的学生，这就是不和谐。他找不到一种生活的方式、找不到一个精神的寄托，所以像欧洲梦这样的新人文精神，就是关注你对人生追求什么，当你追求不到的时候怎么办，它提倡更多地追求一种精神生活，我想这些是可以缓解社会中的实际问题的，所以很难说它是一个乌托邦。

全球化中的文化和价值问题

黄万盛

黄万盛　1950 年生，籍贯江苏。哈佛大学燕京学社研究员，兼任清华大学教授。1977 年毕业于上海交通大学，曾任上海社会科学院比较哲学研究所所长，上海青年社会科学工作者联合会会长。主要研究方向为儒家思想与中西方文化比较、中西哲学比较等，著有《道德理论实践》、《危机与选择》、《理性主义及其限制》、《全球化与文明对话》等。

目前，我们大致上有一个感觉，就是整个学术的发展跟思想文化的发展到了一个非常关键的时期，出现了很多的问题，而对这些问题已有的理论基本上不能解释。理论典范和生活典范同时转移的时代，这在人类历史中是极为罕见的。我们现在就活在这样一个重要的历史时刻，各种各样的问题和各种各样创新的可能性都是前所未有，重要的是看我们怎么走，怎么来认识我们未来的方向，怎么来调整。

在我们所面对的各种问题中，对全球化的问题如何了解，对全球化以后所发生的各种情况如何认识、如何应对，是最关键和核心的问题。现在的情况是，各个学科，几乎人文领域当中没有一个学科可以摆脱对全球化问题的反思。比如哲学领域当中，过去认为基于语言哲学和分析哲学终于找到了哲学量化和技术化的规范，哲学从此可以获得它的科学身份了，因此形而上学的思考可以悬置起来，不必浪费时间和精力。现在的问题是形而上学的思考在回来，因为只有技术的路径不足以解决我们面对的困难，尤其是在精神价值领域。经济学领域中的问题更大也更严峻、紧迫，经济的全球化导致整个世界范围里新问题不断，以国家存在为经济单位的经济学已经过时了，无论新古典学派还是其他的学派，现在都存在着困难。其他学科的情况也一样，文学领域、社会学科领域，乃至于人类学(人类学主要研究人类古代生活方式，现在作为地方资源也成为反思全球化的重要依据)，大概没有一个学科在当今可以摆脱全球化的影响。为什么有这么大的效果？我想，主要是全球化和现代性相结合，创造了人类历史上规模最大的经济、社会、政治、文化的一种转型，它席卷了人类生活的一切方面。

全球化中被忽略的问题：女性主义与生态环保

美国有一个著名的学术杂志 *Daedalus*，这个杂志曾经集中一些美国重要的思想家、哲学家、社会学家，讨论人们关于现代化的认识，提出了一些非常有价值的预言，这些预见中的很多判断被后来的发展证实了。为了表彰他们的贡献，前不久，又重印了这期杂志。这当然很有意义，尤其对于检讨理论的责任意识是非常重要的。但是，光是纪念恐怕还不够。杜维明教授提出，更有意义的也许是应当考虑从现代化的发展来看，哪些现在出现的问题是当时根本没有预见到的，做这样的反思工作对思想学术理论的价值更大。

丹尼尔·贝尔(Daniel Bell)，美国哈佛大学社会学教授，是这期杂志的主要策划人之一，他反思的结果是，至少我们有两个方面完全没有预计到：一个是女性主义问题，另一个是生态环保问题，这两个是现代化发展中极其重要的核心问题。

现代化过程中，女性主义的问题变得尤为突出，而“女性主义”发展到今天，已跟早期作为女权主义运动的女性主义有很大不同。早期女权主义运动要求女性跟男性平等的社会地位、政治地位，乃至于包括同工同酬、妇女的特殊权益，以及以妇女为核心的横向的社会组织和政治组织。这些方面不能说不重要，但是，基本上都是诉求政治权力。这其中有一些复杂的自相矛盾的地方，一方面通过要求妇女权力，削弱男权中心主义；另一方面又是以男性权力为标准来要求权力，这又强化了男性中心主义。真正的女性权利究竟是什么？

现在，女性主义到了更深刻的阶段，主要是这样的问题：到目前为止，人类关于自身历史的了解、关于自身社会条件和社会生活方式的了解、关于未来理想的建设，基本上都是男性主义的观念世界的产物。比如，历史是男性视野当中的历史观念，主要是围绕权力演变来了解历史演变，然后产生出美国的历史、中国的历史、印度的历史，乃至世界的历史，等等，都是战争、国家兴衰、改朝换代，这都是在男性视野中了解的历史。难道历史仅仅充满了血腥气？它的温情、善良、柔和为什么都不出现？如果从女性视角去看历史，会不会有不同的景观，可以让我们的历史记忆更加丰满、更加健康？社会理论基本上也是男性中心主义的理论模式，哲学就更不用说了，构建整个哲学体系的大思想家无一例外都是男性。经济学也一样，即均以追逐利润和财富为经济学考虑的中心。

所以，我们就要反思：女性主义可不可以成为具有文化和学术意义的世界观？有没有可能在女性主义的立场上重新了解哲学？一个女性主义的哲学观所叙述的世界，和我们今天所生活的世界会不会完全一样？假如从女性主义立场了解人类经济情况，会不会导致出现追求

GDP 的增长、追求生活的不断改善成为经济的主流目的，这样的一套经济模式？

美国有一个心理学的实验，就是观察男孩和女孩对问题的处理，然后看性格在不同性别之间有什么差别。一般地看起来，男性比较刚强，有决断能力，冒险性比较强；女性在处理问题时比较柔和，兼顾各个方面，考虑问题比男性要复杂些。有时候男性自以为是，觉得自己脑子好，哲学家都是男人，但是有时考虑问题反而不像女性会兼顾多方面。有的时候我们说女性太过柔弱，做事优柔寡断，其实那个柔弱和优柔寡断的背后是因为考虑的复杂性更强，这完全是一个被我们遗忘，被男权中心主义所排斥的领域。女权运动、女性主义的演变和价值，突出女性的世界观、女性的立场，所有这些都是未被预计到的因素。所以，有些时候我们看问题要把自己的性别转换一下，放到女性的立场看一看这个情况会怎么样。现在，这就应当成为一种自觉。

现在有一些学者开始做这些方面的努力，把女性主义当做一种世界观，当做一种立场，当做一种叙事方式。这绝不仅仅只是学术理论形态的改变，更重要的是，它将是重建生活世界的宝贵资源。我想再过 5 年、10 年的时间，这个方面的资源开辟出来，将成为我们反思人类前途问题的很重要的参照系。

第二个被忽略的是生态环保问题。我们知道整个现代性后面的理论预设，跟启蒙运动时期的理性主义有很大的相关性。近代理性主义最大的一个问题就是人的崛起，我们可以从两个意义上来理解：一个是人的中心论，另一个是强调人的理性。韦伯注意到这一点，他在讲到理性化时，提到了新教对现代性的贡献，主要突出了理性化的秩序结构和现代社会之间的关系。从现代社会发展经验来看，理性跟人的中心论相结合，往往导致一个必然的结果，即对自然的不屑和不敬。人是自然的尺度，人是自然的主人，因此，自然成为人类掠夺的对象，自然不过是满足人生活欲望的材料而已。

今天，生态环保方面的问题已经变得空前严重。只是我们每天生活在特定的情景当中，缺乏必要的敏感度。国际卫生组织、国际环保组织每年都会发布世界环境报告，如果从一个比较宏观的角度去看，我们会感到真正的恐惧。和女性主义发展出世界观一样，环保问题同样也涉及观念的革命。由于生态环保跟每个人生活处境和状况有关，现在有一个看法是：假如有一个问题可以完全跨越意识形态的对抗、跨越宗教信仰的对抗、跨越民族国家的界限，而成为全人类的共识，那就是生态环保问题。那么，世界性政治和学术的共同基点，是不是有可能在生态环保领域开辟出来，而不只是把生态环保当做处理生态危机的具体问题？它后面有很大的文化意义和学术意义需要检讨。

大致讲起来，生态环保运动在近代总共经历了三个阶段：从问题被发现，到问题被重视，再到问题被提升。第一个阶段，叫做技术化的环保，认为环保问题如果从人的角度来考虑，跟技术主义、追求效益等理念有关。追求效益的理念跟发展是配套的，天经地义，不能动它。所以，环保问题就被认为是技术的问题，认为只要改进技术或发明新技术，就可以解决环保问题。技术导致的灾难还要依靠技术来解决，这套理念在今天的中国，还有很多人在坚持，甚至一些在国外受过高等教育且有较大影响力的专家也在坚持，这让我非常震惊。第二个阶段，叫做政治化的环保，认为环保问题是政治问题，环保跟国家选择、国家治理、国家设计等政治理念有关，如果不解决这一套政治理念，环境保护根本不可能。欧洲甚至出现了所谓的绿党政治，就是把环保问题真正变成政治生活的基本问题，而且发展得非常有规模。第三个阶段，叫做宗教化的环保，也就是把生态环境当做人的心灵境界来培养。人对自然的态度后面有很多宗教性因素，通过这个宗教性因素的发挥来改变和塑造人的精神生活方式，促进人们生活方式和思想观念的转化，从而对环境起到根本性的、真正有意义的保护。

西方在最近的二三十年中，整个环保运动非常迅速地经历了这三个阶段，而我们中国，现在基本上是处在技术化和政治化之间的阶段，宗教化的阶段离我们还稍微远一些，但是我相信一定会出现。我想，或许我们可以把生态环保当做一种生命自觉，把它当做自我意识形态的中心，甚至可以把某些信仰资源调动起来，参与我们生活基本平台的保护和建设。我相信这个阶段会很快到来。

环保运动第三阶段的兴起，有其深刻的哲学意义。那种迷恋经验事实，只知证明不知体验的，肤浅的、形形色色的实证论曾经那样自信地宣告形上哲学的终结，现在，随着现代性的反思，形上哲学正在归来。这方面，中国哲学具有丰富的智慧与资源，它应当可以为人类作出重大的贡献。当然，对整个现代性的反思不是现在才出现，从全球化跟现代性相结合这个点开始，它内部的争论和反思就一直存在。

全球化的“在地化”：从观念到实践

简单而言，全球化也有两个阶段：第一个是观念的阶段，就是各种思想、各种理念叙事的出现；第二个则是实践的阶段，也就是在观念的指导下，产生了各种各样的运动。

在第一个观念的阶段中，有一个重要的人物，即加拿大多伦多大学的马歇尔·麦克卢汉(Marshall Mcluhan)，他已经过世很多年了。现在西方学术界对他有一个尊称，叫做“现代媒体之父”，整个现代媒体的理念建设与他分不开。麦克卢汉对当代人类的发展有很多预见，而且这些预见基本上都实现了。比如当电子计算机技术刚刚出现的时候，他就预言无架图书馆，就是说整个人类会受益于计算机的发展，甚至连图书馆这种观念都会逐渐改变，成为完全没有书架的电脑图书馆。他还讲过很多跟全球化相关的东西，所以，人们普遍认为，全球化的观念最早是他提出来的。

那时，麦克卢汉提出一个观念——“蓝色救生艇”，意思是说，在黑沉沉的宇宙当中，有一个发着蓝光的球体看上去非常美丽，它就像一艘蓝色的小船，在黑暗的天空中漂浮着；这艘蓝色的小船，就是我们生活的地球，是我们的救生艇。现在30多年过去了，再从宇宙飞船上把照片发回来的时候，这艘蓝色小船已经伤痕累累、满目疮痍，特别是中国这一块，由于植被覆盖最少，整个中国已经是一片黄土，而且是深咖啡色的，情况已经非常非常严重。当时，麦克卢汉提出“蓝色救生艇”的观念，把人类生命和环保承载结合起来，把人跟地球的关系重新建立起来，这是非常伟大的贡献。虽然，当时很多人对环境灾难不以为然，谁能想到一个人的声音可以在短短几十年中成了人类的共识呢！

然后，他又提出了另外一个观念——“地球村”，现在所谓的全球化基本上是从他的“地球村”观念当中出来的。这个观念出来以后，马上引起很大的争论。今天这种争论也还在继续着，这种争论事实上有利于全球化的健康发展。这是作为观念的全球化运动。

如果仅仅只是一个观念，那么它对我们的生活方式不会发生那么翻天覆地的影响，事实上它很快就变成现实的运动，无孔不入地落实到人们的生活和行动中，中国台湾的学者把它叫做全球化的“在地化”。全球化的“在地化”是1989开始的。1989年苏联和东欧解体，意味着世界冷战对峙的格局结束，由意识形态分庭抗礼来决定世界命运的时代已经过去。

美国是对这个转变最为敏感的国家。大概在1990年，克林顿实施了一个措施，他把3000亿美元军费的开支，从军备竞赛这些项目当中撤掉，然后把这3000亿美元全部投入到高科技开发，以政府的名义去帮助美国的高科技产业。这是非常敏感的战略举措，因为当时从科技的角度来说，日本其实是领先程度非常高的一个国家，索尼、松下等都代表了当时世界的最高水平。但是我们今天看到，整个IT产业最前沿的东西基本被美国垄断，日本在IT产业当中连一杯羹都没有分到，很大原因就是对于1989—1990年间的转变没有深刻的理解。那个时候日元升值，日本人就跑到美国去大量并购不动产。这种收购到了什么程度？所有美国本土的电影院基本上都是日本的资产，我们在美国看电影，进的却是日本人的电影院。而美国人则把交换来的现金转变成投资，绝大部分投到IT和高科技当中。从中可以看到，在经济转型的关键时刻，政府的决策对于保证经济发展的正确方向仍然具有决定性的作用。经济政策的正确或者失误会严重影响国家经济状况的好坏，而并不是像那些极端自由主义经济学家所认为的，把一切交给市场，由市场说了算，就能解决根本问题。尤其是根本性的经济产业转型，基本不可能依靠市场来发动。市场是以利润为驱动力的，那些看不到直接利润的基础的科学技术开发，必须要有政府的支持和保障。

那么，政府的正确决策从哪里来？或者说如何才能保证决策是正确的？或者说，即使决策失误，也能够有效地迅速纠正？我觉得克林顿这个人很有意思，他有个特点，就是他能听。他被选上总统后，到直接上任，中间有3个月左右的时间。他就在小石城，也就是他当州长的阿肯色州的首府，邀请了几百位经济学家，召开关于美国经济的讨论会。讨论会共提出了数百份关于美国经济前景的研究报告，这些报告对克林顿时期美国经济的决策产生了重要影响。政治领袖，尤其是大国的政治领袖，必须具有“听德”，即听取各种各样不同的意见和建议，不光是一种姿态，更重要的是一种境界。要不要听取人民大众的声音？当然要。“天听自我民听，天视自我民视”，这是政治的合法性基础，不听老百姓的声音，权力的基础就丧失了。但是，从政治治理的角度，我认为更重要的是广泛听取知识精英的声音。因为知识精英之所以是知识精英，就在于他们能够主动自觉地关怀民间疾苦，消化民间的声音，运用专业知识把民间的声音转化为对国家和人类前途和决策的考虑。这是知识精英的存在依据。在这个意义上广泛听取他们的意见，就是听取民间的意见，就是听取老百姓的喜怒哀乐。需要注意的是，我强调的是“广泛听取”，而不是一小撮所谓的智囊集团。在政治学理解上，参与的圈子越小就越容易形成特殊利益集团，丧失它的公共性和代表性。民主的实现程度是和参与的基数成正比的，参与的基数越大，民主的程度也就越高。这就是为什么现在越来越多的政治学家、哲学家主张把民主的本质理解为“公共论理”(Public Reasoning)。国家的重大决策必须经过“公共论理”才能取得它的决策基础，而不是一小撮智囊集团围绕着政治领袖唯命是从，关在权力中心里闭门造车。假如克林顿没有那么多专家学者的意见参与，凭他个人的力量，他能明白国际经济和社会的走向吗？

反面的例子则是王安。王安是美籍华侨，在美国做企业家、科学家，后来成为美国电脑产业最大的业主，很了不起。比尔·盖茨从哈佛离开以后，就带着他对电脑浪漫主义的幻想去找支持者。他第一个找到的就是王安，他说我有这么一套想法，计算机一定很快会成为个人行为，每个人都可以用计算机，所以现在应当开发个人电脑。王安不这么认为，计算机这么复杂的一个运作结构，个人要它干什么？只有政府、超大型的企业集团才需要，一般小企业怎么会需要呢？所以王安拒绝了他。比尔·盖茨从王安那里没有拿到任何钱。然后就找了

IBM，IBM 觉得或许他有些道理，既然他有那么一个想法，我们不妨冒冒险，所以 IBM 给了盖茨 100 万美元，盖茨起家的资金就是 IBM 的这 100 万美元。谁也没有想到，就这么一个主动退学的小伙子，他的想法却成就了我们的今天，并且在塑造着我们的明天。而回头再看看王安，公司已经破产，现在已经没有这个集团。我专门开车去过他的公司总部，那里已是物是人非，人去楼空，萧条凄凉，让我非常感慨。所以 idea 对人类的历史有很大的作用。多一点浪漫主义，多一点理想主义，对人类来说，可能是一个真正创造性的源泉。

全球化的“现代化”：从现在到未来

全球化的“在地化”至今已有 20 多年，争论一直在继续，对全球化和现代性相结合进行反思的背景，变得更加宽阔。当然，出现的新问题更多，客观形势也更加严峻，不仅原有的一些困难被保留下来并加强，而且还产生了一些新的、更严重的困难。我归纳了一下，大致有五个方面的问题。

第一个问题，就是贫富差距的不断扩大。当全球化出现的时候，联合国及各种非营利组织基本上都有这样一个共识：人类在历史上可能第一次能够在全球范围内调动技术、资本、物质等资源，来共同面对人类生存的问题，因此全球化有助于解决南北的问题，有助于解决贫富的问题。这是全球化给人类的一个许诺，就是我们可以消灭贫困，使贫富差距得到比较好的、妥善的解决。但是现在的问题是贫富差距变得越来越大。大概 50 年以前，美国 30％的穷人和 10％的富人，他们之间收入的差距是 1：50，就是富人收入是穷人的 50 倍。50 年过去后的今天，这个差距已经扩大到 1000 倍。这个数据是哈佛大学的丹尼尔·贝尔告诉我的，我没有来得及查证。他刚开始告诉我的时候，我还不大相信，仅用了半个世纪就已经有 1000：1 和 50：1 这么大的差距，听上去比马克思写阶级斗争理论的时候还要严峻得多。此外，在全球化的过程当中，除了制造这么大的贫富差距外，还有一个衍生出来的中间现象，就是中产阶级的不断萎缩和减少。

第二个问题，就是从战争与和平的角度来看全球化的危机。我看到一个统计报告，对全球化来说有很大的讽刺性。过去认为冷战结束了，世界打来打去这种局面可以停止了，因此全球化的出现可以使世界走向和平，可以减少战争对人类的威胁。而我现在看到一个统计数字，全球化以后的15年，也就是1990年到2005年，跟从1975年到1990年即全球化前的15年相比，这个后15年因为战争和相关事件的死亡人口比前15年增加了近20%。换言之，全球化所许诺的那个和平并没有出现，战争、恐怖、反恐这些冲突，事实上超出了人们的想象而变得格外严峻。原来有人认为全球化可以给人类塑造一个统一的标准，但这个统一的标准现在正在世界各地受到顽强的抵抗；也就是说全球化如果以蔑视地方化的合理性作为推广前提，它给人类带来的就不是和平，而是灾难。那么，全球化与地方化之间的关系到底如何处理？是把全球化当做一个统一的标准不分青红皂白地推广到世界各地，还是充分尊重地方化的各种不同，在差异的基础上慢慢进行协调，达成一些相应的共识？这就导致对整个全球化理念和全球化世界观进行选择的问题。

第三个问题，就是我前面刚刚提到的环境问题。20世纪五六十年代的人在改革开放初期的时候一定读到过一个来自于罗马俱乐部的报告，叫做《增长的极限》，作者认为人类GDP的增长，追求财富的增长，后面的限制条件是地球资源的有限性。这个观念现在也有一些人在置疑，认为地球资源远未被开发，这基本上是乐观主义的人。但是如果从保护环境、解决环境跟人的相互依赖关系来说，这个警告并没有过时。现在的问题是，整个环境总体质量的问题比罗马俱乐部提出那个报告的时候要恶化更多，所以应把那个报告分两个方面去看：一个是发展跟资源的关系，另外一个是发展跟环境的关系。在发展和环境的关系上，整个报告仍然有意义。以美国为例，3亿人口的美国为了维持今天美国这个生活水平，消费了世界能源总产量的30%，消费了世界木材总产量的40%，消费了全世界重金属总产量的20%。我们可以这样去想，中国是14亿人口，此外还有印度，还有俄罗斯，还有那么多的国家和人口都想达到美国这样的生活标准。联合国计算出，我们需要20个地球的资源才能保证我们能够达到美国的水平。我们现在都说美国代表文明——我们的现代化事实上很大程度是以美国为标准，其他的国家都代表落后，最落后的地方是非洲，现在非洲的发展还没有起来。可是非洲有一句话：地球不是祖先留给我们的遗产，而是子孙托付我们保管的财物。如果是祖先留给你的遗产不花白不花，花完了就算了，现在不是这个情况，应该想一想，子孙后代要来到这个生活平台上，他们也要在这里生活，你把财物都用光了，如何对得起你的子孙后代？

但是现在很大的问题是，我们已经养成了一种思维习惯，我们认为GDP不是每年增长的话就是我们的灾难，我们从来不能接受GDP的倒退。越是美国这样的国家，越不能接受它的GDP增长率可以是负3或者负5个百分点。其实它可以牺牲一下GDP，让它倒回去，以减轻对资源和自然的压力。但是，它不可能，至少在目前，无论如何做不到。但是我敢断言，在人类未来的某一天，我们将不得不这样做。假如这真正是被迫而为之，那将是人类的大灾难。所以，人们现在应当主动思考这些问题。实际上，追求经济增长已经真正成为一个现代性和全球化配置以后最强势的意识形态，贯穿在经济当中，贯穿在国家计划的一切领域当中，深刻地影响了人类生活方式。

第四个问题，就是在全球化和现代化高速发展的过程中，人类的精神质量越来越没有保障。哈佛大学被认为是美国人文精神最强的基地，美国人文精神的大传统由此而开，但是现在哈佛却在全球经济、政治、文化等因素的冲击下，出现了责任意识缺位、追求物质享乐等不良风气。最近哈佛做了一个非常重要的决定：把人文学写进核心课程当中。哈佛最重要的核心课程，原来都是理性主义的内容，并不重视宗教、神学等，比如神学院是被边缘化的；现在哈佛修改核心课程，把宗教伦理、美国历史都加入到核心课程中。因为已经严重感觉到学生人文精神的沦丧，真正去抵抗消费主义、拜金主义的精神力量不够。哈佛大学这样做了以后，哥伦比亚大学等大概有五六所大学，也都把宗教课程加入到核心课程里面去。核心课程不是随意改的，改核心课程是一个真正伤筋动骨的事情，那要全校辩论。哈佛一度想改这个核心课程，5年、6年的时间都没能搞成，但是最近达成共识了，把这些东西全部加了进去。如果没有对精神品质沦丧的忧虑，这个改变实际上不可能出现。

第五个问题，就是对人的未来的忧虑。在美国，现在几乎绝大部分的家长不知道自己的子女将来会成为什么样的人。其中一个很重要的原因是，社会由于技术的高度介入，改变的速度太快太快，使得我们基本上不了解3年、5年之后会出现一种什么样的情况，引发一些什么样的问题。另外，家庭在教育传承中的作用越来越微不足道。美国有一个教育跟踪系统，研究影响人成长的基本因素及各因素的权重。他们调查了四个因素：家庭、学校、教会和媒体。在20世纪60年代末、70年代初，调查的结果是：对于人的教育及成长，影响第一位的是家庭，第二位是教会，第三位是学校，第四位是媒体。到了21世纪初，调查的结果则是：第一位是媒体，第二位是学校，第三位是家庭，第四位是教会。现在的年轻人基本上都不去教会，去的都是老头、老太太。家长对孩子的影响基本上也很弱，因为法律不能保证这种影响力。在美国，管一个孩子很辛苦，因为家长不能骂他，也不能打他，对他态度稍微严厉一点，就要小心警察把你抓起来。

全球化的价值反思：以民主政治为例

我们面临着严峻的考验，而这个考验又跟全球化、现代化和高技术的结合有相当大的关系。在这个意义上，反思又很自然地到了价值层面。全球化为什么会出这么多的问题？是不是跟我们的价值结构、价值观念、价值实践系统有一定的联系？

简单而言，价值包含两个方面：一个是价值的基本形态，另一个则是价值的基本原则。价值的基本形态，主要有所谓的民主政治、市场经济、法制标准和公民社会等。我们现在考虑的理想的社会、值得我们追求的社会、社会发展应该达到的目标等，基本上都属于价值的基本形态。因此，价值的基本形态，就是价值用社会体系的方式表现出的形态；而这个背后隐藏的东西，比如自由、平等、人权、民主等理念，则是价值的基本原则。两者相互配合，那么，一个是价值存在的社会形态，另一个则是价值存在的精神形态。

这里我以民主政治为例，尝试对全球化进行价值层面的反思。

什么是民主？在人类思想史和政治史中，这个问题一直在争论。到了近代，各国关于民主的争论更加激烈；而在美国，这个问题非常简单。它是一个单边主义的问题，虽然在学术界争论非常复杂，但是在美国的日常生活中却非常简单。什么叫民主？在美国看来，民主就是美国的政治，美国就代表着民主；所以，美国有一个输出民主的心态。美国前总统布什的很多外交政策都建立在输出民主的心态之上，他认为应该把美国这一套制度推到世界各地去，其他不符合美国标准的制度统统不灵。现在这个情况变得越来越严重，政治中、学术上，美国的单边主义均得到回应。

回到西方自己的谱系当中，关于什么是民主的看法，一直存在分歧。民主是从古希腊发展出来的，古代雅典实行的就是民主制度。柏拉图反对民主，因为他的老师苏格拉底就是被民主表决而处死的。雅典的元老院投票，多数人认为苏格拉底的言论对雅典有害，这样的人不应让他活着，应给他一杯毒酒。苏格拉底也很慷慨，为了表示对民主制度的尊重，就把这个毒药喝下去了。对于老师的死，柏拉图当然非常痛苦，所以他说，民主是以庸俗大众来残害社会精英的制度；民主制度下精英的日子都不好过，因为芸芸众生不如精英有远见，可是他们有权利，一下子把你否决了。所以柏拉图说，这样的民主不可取，这是人类社会的灾难。柏拉图提出的理念叫“哲学王”，只有哲学家站得高、看得远，问题理解得深刻，所以哲学家掌握政治，才能保证社会的和谐。但最深刻的人不一定是最现实的；最深刻的人也许会用一个超前的观念，完全漠视一个现实的存在，所以哲学家有可能导致巨大的精神暴政，而这个精神暴政会是人类灾难的源泉。法国后现代主义哲学家雅克·德里达说过一句话：人类历史上最大规模的暴行都是用人道的名义完成的。因为大规模的活动都需要集体动员，没有一个美妙的口号，没有一套高瞻远瞩的宣传话语，怎么可能动员起来？后来亚里士多德提出柏拉图的想法恐怕不行，因为政治是现实生活的协调，这不是哲学家的任务。哲学家可以了解未知问题，可以做深刻的研究，但政治还是要还原到日常生活中来解决问题。所以亚里士多德说，民主是一个有很多缺陷的制度，我们在使用它的时候要保持警惕，但是我们目前只能用它。丘吉尔也说过类似的话，他说民主是不好的制度，但是没有比它更好的，所以我们要用它。我认为亚里士多德比丘吉尔讲得对，因为丘吉尔的话容易误导，既然没有比民主更好的，那就是民主最好，会误导至这个简单的推理。

约翰·罗尔斯(John Rawls)是哈佛大学影响力很大的教授，他去世的时候，我去参加他的追悼会，他的一个学生在追悼会上说，20 世纪 60 年代的罗尔斯被三个问题深深地困惑：第一个问题，假如民主是一个合理的制度，为什么美国贫富差距如此之大？第二个问题，假如民主是一个体现平等的制度，为什么美国的种族对抗如此严重？第三个问题，假如民主是一个有希望可以代表未来和普世的制度，为什么美国的年轻人如此绝望？面对这三个问题，罗尔斯寝食不安。后来他研究认为，我们不能只停留在民主上，民主的背后还有更深刻的价值，这个价值就是正义。民主必须要体现正义，我们对民主必须提出正义的要求，因为民主经常可能表现得不正义，他把柏拉图的问题换了一个方式提了出来。

在整个西方，从民主开始出现，到今天民主的实践，关于民主的认识一直在发展。现在我们讲民主的时候，通常是从政治制度的意义上去理解，认为民主就是一人一票、多数决定少数。这样的一个民主，如何保护弱势？这样一个民主，如何避免大多数人犯错？这样一个民主，如何保证在不投票的时候，民意的力量能够介入政治？

我经常举一个例子，美国四年选一次总统，四年当中有一天是民主重大的节日，美国人都要去投票。但这一天投完票就没你的事了，回家睡觉去，另外的三年加 364 天是民主的长假。也就是说，一旦政治领袖选出来以后，选民的立场、选民的意愿没有一个具实质性参与的管道来保障。有很多人说，议会还在工作，可是议会仍然是代表制，那么这些困难到底怎么来解决，怎么来面对？

哈佛大学哲学系有个教授叫阿玛蒂亚·森(Amartya Sen)，他研究公元世纪到 16 世纪印度的政治活动和社会活动，然后提出一个观念——民主的本质是一个公共辩论、公共理性化的过程；也就是说，民主就是，国家和社会的重大决策必须经过公共辩论来决定。即使这次我把你选出来，你也没有权利对决定我们生死存亡、决定我们发展的大问题一个人说了算、一小撮人说了算，必须经过公共辩论。他把我们对民主的了解，从一个单纯的一人一票选举制，往前大大推进了一步。现在在美国很少有人不讲公共辩论，这已是民主的一个标准了。

另外一个标准是法国一批思想家提出来的。他们认为，民主不是一个简单的政治原则，而是一套治理方式，跟社会生活有关，跟每日每时的社会进程有关。

弗朗西斯·福山(Francis Fukuyama)最近发表了一篇论文，说民主有一个最终的检验标准，即民主究竟能够让这个社会的公民过上什么样的日子，通过民主的治理能否使这个社会的公民有参与感，能够真正实现他们所需要的东西，能够增加他们之间的和睦，能够让他们对未来有信心，能够让他们对自我有信心。他把这个问题转变到公共参与。所谓民主就是公共参与，不只是选举那一天的参与，而是把整个生活作为民主的标准来理解。福山提出这个观点，我觉得他有很大的进步。

中国的民主政治：合法性建立及其展望

现在我们来看中国。在古代中国的政治管理当中，绝大部分事情都是由朝政来决定的。皇帝每天早朝的时候，四品以上的京官都要立在大堂当中，把他们对问题解决的建议提出来，然后各种各样不同的意见在皇帝面前辩论。皇帝这个时候不是一个真正的决策者，他是一个调节者、判断者，经过辩论，最后在这个基础上形成一个意见。这样，各个不同领域的人、各个不同的利益集团，在辩论整个国家的决策，最后达成一些妥协、达成一致意见，这样算不算公共辩论？如果我们进一步思考，会问：这个意见是不是只是官场的意见，是不是完全没有民间的参与？这里的关键，在于理解中国的科举制度。

科举制度可以让民间的精英通过科举进入官僚阶层，这可能会出现两种结果：一个是这些精英成为腐化的官员；另一个是他们把民间的不同意见通过这个渠道带到朝廷当中，使朝廷在决策当中有民间的利益代表。还有各种的民间抗议、上诉，比如巡抚大人出巡的时候，就可以跪在马路上把他的轿子拦下来，或者走到县衙门口的大鼓前，击鼓鸣冤。

民间的苦难必须要有基本和充分的管道直接到达权力中心，这是民主治理最重要的原则。过去我们用了四个字——封建社会，就把这些东西一笔勾销了。试想，几千年维持一个国家长期的稳定，使得一个国家至少在最近两百年以前一直是世界上最强大的国家之一，没有一点点管理的智慧，没有一点点政治的智慧，全部都是糟粕，所有的东西都不派作用，有没有这种可能？当初，伏尔泰和孟德斯鸠两个人联名给当时的法国皇帝写了一封信，建议法国皇帝马上派特使赶到中国去，在中国招募400个官员，到法国帮助发展科举考试和文官制度，因为他们觉得法国社会的内在矛盾已经非常尖锐，整个火药筒说爆就要爆。的确是，法国革命不久就发生了。他们认为，整个法国政治需要一个力量来改变，他们当时找到的最好的典范就是科举和文官制度，而这个就发生在中国。

我们可以看到，文艺复兴时期的图书中各种各样的插画，如教堂、服装等都是伊斯兰的；所以，现在已经非常清楚，文艺复兴是西方通过伊斯兰发现古希腊。那么，启蒙运动用理性精神来对抗基督教，后面的资源是从哪里来的？不要忘了，我们中国传统的真正特点是人文主义，儒家不是一种宗教，而是人文关怀。举个例子，比如印象派的绘画，我们都认为印象派是西方近代艺术一个最大的贡献。现在已经非常清楚了，西方的学者自己也接受了，整个印象派真正的起源是日本的浮世绘。浮世绘是像连环画、小人书那样的东西，大人小孩都可以读。当时要把日本的那些木器、漆器、瓷器运到欧洲去，怕在运输的途中东西被碰坏，就把这些有浮世绘的纸撕下来包那些东西，结果欧洲的一些画家看到这些图案，整个绘画的新境界和新技法打开了，所以很多人突然转型。西方的绘画从写实主义、自然主义突然跳跃式地发展到印象主义阶段，在它自己的谱系当中找不出来，就是浮世绘的介入让它转折。所以有一个很大的东学西渐的问题，由于近代以来我们心态的原因，这个问题被我们忽略了。

我再举几个例子。一个就是君子的这个“君”。“君”字非常有意思，后面可以加一个“子”，也可以加一个“王”。君子是一种人格典范，常用来指才德出众的人；君王则是一个有权力的政治管理者。

这两种不同的人，为什么他们都可以用这个“君”？ 君者，群也。 换言之，要成为一个君，最重要的是，你要有群众基础，要有人信你，要有人愿意追随你。 假如有一个君他后面没有群，他老干坏事，老奴役老百姓，他就算不上是个君了。 你拿他怎么办？ 中国最重的罪之一就是弑君之罪，可是孟子说了这样的君可以杀，杀他是“诛独夫”。 这个“独”的反义词是什么？ ——“群”。 所以从这个当中去看，中国古代的政治是不是不重视民意基础，是不是完全不把民意当回事却可以形成他的权威政治？ “天听自我民听，天视自我民视”，是把老百姓作为天道的真正信息来源。

“刑不上大夫，礼不下庶人”，有人解读成，大夫犯了法不要上刑；老百姓没有文化，所以不能用礼来对待他。 实际上，这句话的意思是讲，士大夫这些人都受过很好的教育，在很高的位置，“刑上大夫”，是用最低的标准去要求大夫，如果用刑来要求他们，对他们是侮辱、是不尊敬，所以对他们应该有更高的要求，要用礼来要求他们。 那么“礼不下庶人”这个话怎么理解？ 其实它是在说，老百姓每天在艰难地讨生活，如果用受过真正教养、读过书的人才有的那些高级规范去要求他们，实际上是在为难他们，因此对老百姓要有深刻的同情。

“唯女子与小人难养也，近之则不逊，远之则怨之。”有人说，孔子歧视妇女，看不起女人，女人难养。 于丹的解释还要加上小孩子，把小人理解成小孩子，这是错解。 是不是这个意思？ 孔子和孟子这两个大思想家，都是由母亲抚养长大的，都是长期跟女性生活在一起的，而且孔子感情特别丰富，听说郑国国君的夫人长得非常漂亮，他想方设法都要去看一眼，他自己直言不讳“好好色，美美食”。 所以对文本的解释，内部的逻辑要说得通。 后来余英时先生跟我讲，这句话中最重要的词是“养”。 为什么不用“最坏”、“最没有价值”、“最缺德”这样的话，而用了这个“养”字？ 实际上这句话是说，如果你真正是一个掌握权力、运作权力的政治领袖，那么，什么样的事情你觉得最难办、最头痛、最不好处理？ 孔子说“唯女子与小人难养”。 意思是说，如果你是一个有权有势的人，你要知道最难处理的人是你身边的人，你的妻妾和侍候你的那些人，他们是靠你生活的，他们离你很近，所以他们对你的观察和了解很真切，也知道你有些缺点，那么通过这些东西，他们觉得可以把你掌握住，然后利用这些东西来运作你的权力，利用你的权力为他自己捞一点好处。这个叫“近之则不逊”，“不逊”主要是指对你所代表的权力他缺乏尊重，那是公权，他老是想染指这个东西，然后你发现了，你就开始批评他，因为他是小人，你一批评他，他心里的怨愤之气上来了，他就开始报复你，给你带来诸多麻烦。妻妾能给你的麻烦就更多了。可是这些人你又离不开，所以这是一个极麻烦的事情，远远比处理你的政治对手、处理你的敌人困难得多。那些问题一目了然，但是处理这些人，不是一个原则就可以解决的，你需要很多很多的智慧，一方面要跟他们保持一点距离，一方面你又不能太责备他们，这当中的技巧要求很高，所以叫“难养也”。其中，有一部分内容，黑格尔也讲过，叫做“仆人是主人的主人”。但是，黑格尔不如孔子那么生动和深刻，也没有孔子考虑得那么全面和合情合理。

“民可使由之，不可使知之”，过去解释成可让老百姓来追随，但是跟国家有关的重大事情，没有必要让他们知道，因为他们什么也不懂，让他们知道了以后反而麻烦得不得了，什么决定都做不出来。假如这样理解孔子的这句话，这等于完全是站在统治者的立场上，完全否定“民”存在的政治意义。这与孔子主张“民本”的政治理想相差十万八千里。梁启超解过这句话，他把这句话断为“民可，使由之；不可，使知之”。就是说，老百姓不闹事，过得过去，你就随他去；老百姓如果不灵了，你就要教训他，就要让他知。梁启超的解释我不能接受，为什么？这是太强势的精英主义的心态。“可”和“不可”，谁说了算？我说了算，我觉得你不可了，我就开始教训你。孔子是这样的人吗？这真正代表人文主义的理想吗？差很多。“民可使由之”，老百姓的存在是自然存在，是天经地义合理的，作为政治领袖，你就要让他们按照自己的方式去生活；“不可使知之”，不要把你认为正确的东西强加给老百姓，去迫使他们接受你的意志。孔子在这里用的是“民”，在中国古代文献当中，“民”这个词与“君”相对，通常是政治术语。孔子不是不知道“人”字的存在，他就用过“人”字，“己所不欲，勿施于人”。那么这里为什么不用“人”，为什么不说“人可使由之，不可使知之”？ 显然这句话是政治论说，政治论说就是对掌权人说。 你是有权力的，对待你的老百姓时，你要注意“民可使由之，不可使知之”，要对人民的存在有深刻的同情，而且真正把人民的存在当做政治的基础，而不是把统治者的意志当做政治的基础。

此外，从监督的角度来看，中国几千年的政治当中有没有关于监督的智慧？ 有，言官制度就是其中之一，左手记言，右手记事。 皇帝如果随随便便说一句话，记录在案，他自己也会心惊肉跳。 因为那个是要写入史册的，后人读起来，我就是这么一个混账皇帝，我居然说了这样的话。 所以有时候皇帝会耍赖，他说这个话不算，不能记下的。 言官说不行，皇帝一言九鼎，你的话说过了就要记录下来。 这是对皇帝的严格要求和约束，算不算监督？

从政治的角度来看，中国的政治是不是一种彻头彻尾没有制约的、一种皇帝拍拍脑子就可以胡作非为的政治？ 从基本局面来说，整个中国以士大夫为中心的文官系统，分为教育培养、辅佐协助和监督抗议三块，是一个非常有机的系统。 士是帝王师，你是士大夫，你有责任让皇帝知道，什么样子才算是一个好的君王。 皇帝小的时候，要请很多的太傅陪他读书，要把整个管理的智慧和责任通过教育让他掌握，那么等他即位之后，你要辅助他，他做错了你要指出来。 郭店楚简当中，鲁穆公问子思：“何如而可谓忠臣？”子思曰：“恒称其君之恶者，可谓忠臣矣。”

这一套理念真正发展了中国源远流长的公共知识分子传统。 西方公共知识分子传统是以抗议为主，而中国知识分子的传统则是参与和抗议并举。 中国整个的一套监督机制非常复杂，假如我们能还原到一个真实的中国古代史当中，那里面的确有很多资源值得我们重新思考。我们需要严肃地面对中国本土的资源，来检讨西方的资源。

假如把民主作为一个具有多元可能性的、多种资源可以参与其中的政治系统，那么在这个意义上，我们就有可能把中国最好的关于民主的资源调动起来；同时在这个基础上，把西方可以跟这些资源配合的制度结合起来。 传统给了我们最好的东西，我们全把它扔掉，最后的结果就只能是我们的政府、我们的管理、我们的需求成长不出来，然后外面再好的东西也进不来。内、外两个方面的东西都不能成立，就会导致整个权力在学术上和观念上的合法性危机。这个是近代中国100年真正大的和深刻的危机。我们把自己最优秀的资源，当做一堆废纸给扔掉了；然后西方的那一套东西，事实上因为自己不了解自己，也看不到它真正的优势，我们只是学，但是从五四运动开始向西方学了这么多年，也没有办法让它真正落实。这一进程当中所表现出来的各种各样的困难和张力，现在反而让我们有一个很好的机会，使得我们可能真正开始建立一个合法性的基础。

现代化与中国当前的哲学课题

石元康

石元康　1943年生，香港中文大学哲学系教授，台湾中正大学文学院前院长。台湾大学学士及硕士，加拿大渥太华大学哲学博士。主要研究领域为伦理学、社会政治哲学、历史哲学、现代性问题、中国政治理论等，著有《当代自由主义理论》、《罗尔斯》、《从中国文化到现代性：典范转移？》等。

非常高兴做这个“现代化与中国当前的哲学课题”的演讲。为什么要讲这个题目？因为它对我们中国当前有着重大的意义。“现代化”是我们整个民族从1840年鸦片战争以来，在应对西方挑战中面临的最大、最主要的课题。不光是学术界的人要研究现代化，产业报国的实业家也需要现代化；文学家要解西方、了解中国，也是在做这个课题；科学方面，比方说医生，也是要探讨如何把医学现代化。所以，现代化事实上是我们整个民族最重要的课题。

回顾：现代化的百年尝试

与日本等国家不同，中国的现代化拖了一百多年都不成功。最早的有魏源提出来“师夷长技以制夷”、张之洞提到的“中学为体，西学为用”，这是一个器物的阶段。我们为什么会被打败？就是因为西方的船坚炮利。于是我们就学西方的器物，以为其他的东西不用变动，就可以跟西方并驾齐驱。可是没有相应的知识、没有相应的制度，就没办法正确使用那些器物。船坏了你也不会修，炮弹用光了不能永远去买，所以这个器物的阶段是很不成功的。

光是器物是不够的，我们必须设立学校、改教新的知识，把物理、化学等现代科学加到我们的教育中来。这就有一个制度的问题，康有为、梁启超的维新其实就是从制度上变革。于是我们由器物的阶段进入制度的阶段，最明显的改革有康梁在教育上废除科举，孙中山在政治上推翻帝制建立共和。可是制度改革好像也还是没有什么用，中国还是积贫积弱，还是没有能真正地现代化。因此就到最后这个阶段，也就是所谓五四阶段。

有了好的制度，没有相应的观念或德性，那么制度就没法发挥应有的作用。因此，制度上的变革必然牵涉到观念的问题、心态的问题。所以陈独秀他们提出来两个有名的先生，一个德先生、一个赛先生。他们认为西方现代文化的精髓，就是政治制度上的民主和科学世界观的进路。这是观念思想的层面，但是五四运动以后中国还是没有现代化，这到底是为什么？

1949年之后，台湾、香港和大陆被分隔开来了。到了20世纪七八十年代，现代化好像在港台比较成功，但在大陆却没有那么成功。有些新儒家认为港台现代化的成功是儒家文化的功劳，我不赞同这样的看法。如果要分析大陆和港台现代化的差异，我们应该首先来对现代化本身有所了解。

其实，1949 年以后的大陆也是想现代化的，有些人把这叫做社会主义的现代化。但我认为，马克思提出的社会主义是要超越现代化，马克思对现代化没有好感，他认为现代化是人的一种异化，社会主义恰恰是超越现代化的一种方案。卡尔·马克思与马克斯·韦伯是对现代化研究最深刻的两个思想家，他们分别代表了两种现代化的模式。与马克思的辩证唯物主义历史观不同，韦伯认为新教伦理在现代社会的产生中扮演了很重要的角色。虽然马克思跟韦伯对于现代社会的产生是有分歧的，但他们对于现代资本主义社会的描画、剖析却大致相同，他们都认为：现代社会就是资本主义的社会。

1949 年以后的港台基本上就是采取资本主义的道路来现代化，大陆走的却是社会主义现代化。我认为社会主义是要超越现代化的。大家知道，资本主义的生产方式以及由此造成的异化问题是马克思对资本主义的一个最主要批评；但是，大陆 1978 年以来的改革开放基本上走的却是社会主义市场经济的道路，而这或许是中国一百多年以来最成功的现代化尝试了。现在英美学界有一些经济学家提到一种市场社会主义的思路，但我不知道它究竟能否实现。

在回顾了这段历史之后，现代化对我们的意义究竟是什么？这里我们先关注一下这个问题：中国当前的哲学课题。

中国当前的哲学课题

请注意：不是中国哲学的当前课题，而是中国当前的哲学课题。所谓课题，指的是我们中国文化应该如何去回应西方文化的挑战。至于哲学课题，是指哲学处于这样一个境况的时候，我们能做些什么？有些人认为我们中国人面对的是科学的课题、生产的课题，没有哲学的课题。但是我认为西方文化对我们构成了一种特殊的挑战，那么中国文化应该如何回应这种挑战，这就是我们中国哲学当前的课题。这当然会牵涉到什么是哲学，以及我们对于哲学的理解。

简单地讲，哲学就是一个时代所具有的一些最根本的问题。这是一个比较形式的、比较抽象的讲法，要再具体一点，就可以讲我们对哲学的理解了。我个人比较赞同黑格尔的讲法，他认为：哲学就是把时代的精神把握在思想当中。我们知道，每一个时代都有每一个时代的精神，中世纪有中世纪的精神，资本主义有资本主义的精神，传统中国社会也有自己的精神，比如儒家的思想。每一时代的具体制度、价值，基本上都是从这些最根本的精神里引发出来的，而哲学就要把握这个时代的精神。有一位很棒的现代哲学家塞勒斯，他把哲学叫做“see how things tend together”，“看事物怎么联在一起”，这里的“things”和“tend together”都是广义的，哲学就是我们对整个世界的一个了解。

我们再以当代最著名的政治哲学家罗尔斯为例，罗尔斯晚年做的工作是政治自由主义。他认为当代西方世界宪政民主背后有一套基本的民主观念、思想。用哈贝马斯的话，这叫做组织社会的根本原则。这就是黑格尔所讲的一个精神，而罗尔斯的工作就是把这套东西给它彰显出来，把隐藏在西方政治文化中的那套精神勾画出来，这是政治哲学的工作。这也是我对哲学的基本看法和了解。

更具体一点讲，哲学可以分成几个层面：第一，人跟自然世界的关系。传统中国人认为最高的境界应该是“天人合一”，人是自然的一部分。但是现代人并不这样认为，他们认为自然就是给人用的。有一个人叫威尔逊，他追溯现代人与自然的关系，一直追溯到《旧约》上去，《旧约》里面上帝创造了世界，然后告诉人这世界上美好的东西都是给人用的。关于人和世界的关系，古代与现代不一样，中国和西方也不一样，但是哲学家要去把这些不同的关系勾画出来。第二，社会上人与人之间的关系。大家知道，传统的社会秩序基本上是一个自然的秩序，韦伯形容中国传统社会是一个血缘共同体，是靠血缘为纽带来维持的，家庭是社会最基本的组织，是一个自然的产物。西方人现在认为最根本的社会关系是政治关系，最根本基础是契约。哲学家戴维·戈达德曾经写过一篇文章，叫《作为意识形态的社会》(*Social Contract as Ideology*)，他就讲这三四百年来西方的文明，也就是整个西欧和由西欧衍生出来的北美、澳洲，最根本的一个意识形态就是社会契约。人跟人之间讲契约那就不是一个自然的关系。为什么？契约关系是要通过人的意志的。我们两个本来没有关系，我定个契约把这个东西卖给你，你给我多少钱，或者你跟我换一个什么东西，这纯粹是一个人为的东西。第三，人跟自我的关系，也就是一个人怎样了解自我。对自我认识的改变是现代社会的一个很大的革命。笛卡尔是现代哲学之父，他有个最有名的观点“我思故我在”，这就跟传统很不一样。查尔斯·泰勒把它叫做 self define self，自我界定自我。等下我讲现代性的具体内容时还会详细地谈这个问题。

哲学就是做这些很抽象的东西，它的作用在于自我理解。我个人始终认为，自我了解是自我克服、自我超越不可缺少的一个条件。要克服自己、超越自己，就必须要首先了解自己。不做自我了解，就不能自我超越。因此，每一个大的文化背后都有一套哲学作为支撑。所以我们要了解西方，就要了解西方背后的哲学，然后才能去修正、克服或者超越。

西方现代性的起承转合及其特质

我们要实现现代化，因为抗拒现代化的结果就是被淘汰，没有一个文化是愿意被淘汰的，而我们要进入现代化，就要对现代化有所了解。

“现代”这个词不仅是一个历史的范畴，而且也是一个经济学的、政治学的、社会学的和哲学的范畴。也就是说，现代性是有它的具体内容的，它在经济上是资本主义，政治上是宪政民主，社会学上是滕尼斯讲的从共同体到社会，哲学上则是主体性的兴起。

哈佛大学思想史教授布雷顿在他早年的时候曾经写过一本书，叫《现代思想的形成》，这本书举了很多例子来证明现代化不是一蹴而就的，而是有延续性的。他认为现代思想的形成经过了四个阶段：15 世纪的文艺复兴；16 世纪的宗教改革；17 世纪的科学革命；18 世纪的启蒙运动。这四个阶段分别表现为四个思潮。

第一个思潮是文艺复兴。我们知道在 15 世纪西方出现了文艺复兴，所谓文艺复兴，就是从比较束缚的中世纪解脱出来，回到希腊那里找到一个源头，这是布雷顿提到的第一个思潮，也是西方现代的源头。

第二个思潮是宗教改革。我记得曾经有一篇文章讲宗教改革，第一句话就是 reformation changes the course of history，宗教改革改变了历史的进程。这个中国人不是很能了解，但宗教改革对西方文化的影响是非常非常大的。我刚才提到的韦伯，他就整个把资本主义的兴起都追溯到宗教改革上去，他在《新教伦理与资本主义精神》里用了一个词“affinity”描述新教伦理与资本主义的关系，认为它们之间的亲和性触发了资本主义的释放。这就是布雷顿提到第二个思潮。

第三个思潮是科学革命。现代科学的兴起把人跟大自然的关系彻底改变掉了，以前西方人也有天人合一的思想，但是 17 世纪科学革命以后整个宇宙变成一种机械的秩序。所以韦伯认为现代性很重要的一个特点就是把意义从世界之中驱除了，他把这叫做“世界的祛魅”。古代西方的世界观是由亚里士多德奠定的，他认为意义就在世界之中，但是现代科学家们认为世界是一个机械的秩序、意义在世界之外。于是，价值本身没有了客观实在性，它是由人主观赋予的。用哲学的术语来讲，就是本体论的、存在论的家具，里面不包含价值了。一个东西为什么有价值？是因为有一个人赋予它价值，用威廉·詹姆斯的话说，如果世界上没有任何有感觉的东西的话就没有价值这个东西。韦伯还有一个描述现代性的词叫做“理性化”，“理性化”就是指整个工具理性应用在人的各个领域上。

第四个思潮是启蒙运动。过去大家都认为就是法国启蒙运动，事实上启蒙运动遍及整个西方。法国当然有伏尔泰、狄德罗这一大堆的人；英国有苏格兰启蒙运动；德国，大家知道康德写的那篇有名的文章，What is Enlightenment，即《什么是启蒙》；美国也有启蒙运动，比如富兰克林、杰弗逊这些人。所以启蒙运动是遍布整个西方文化的。那么，启蒙运动最根本的精神是什么呢？康德讲得最好了，他说启蒙就是我们从自己招致的不成熟的状态中解放出来，而使我们能够摆脱这种不成熟的就是理性。启蒙运动是反对传统的，我们中国的五四运动就继承了启蒙的这个特点。英国有一个思想家叫奥克肖特，他写了一本书叫《政治中的理性主义》，书中指出对于一个有启蒙心态的人而言，一旦形成一种习惯就是失败，这是对启蒙精神很准确的一个描述。

这是布雷顿提出来的四个大的思潮，整个西方文化就是这样从中世纪转到现代来的。可是我个人觉得这些思潮还不够，现代化还需要一个生产方式上的变革。

我觉得，最重要的一个思潮也许是产业革命或者称为工业革命，没有工业革命就没有现代。现代社会是什么？现代社会是一个市场社会，或者叫资本主义社会。市场社会必须要经济是一个工业的经济，而我们古代的经济都是自产自足的自然经济。比方说以前中国的小农社会，毛泽东就说中国人的基本心态就是小农心态。小农心态是什么呢？小农心态就是我自己生产我自己用，不去市场上交换。跟自然经济相对应的是交换经济，生产的目的不是为了自己消费，而是要卖给别人的，像现在我们平时所用的东西，几乎没有自己制造的。因此，整个社会已经变成市场社会，人与人之间的关系就是一个交换的关系、市场的关系。

我曾经总结过现代性的一个特征：非政治化的经济、非伦理化的政治和非宗教化的伦理。传统社会里面，政治是要干涉、参与经济活动的；而现代政治则要从经济活动中解脱出来。传统政治的目的是要教化人民，像柏拉图就认为政治的事务就是教育人的灵魂；而现代政治和人的灵魂是没有关系的。以前西方人的伦理是由基督教传统而来的，是奠基在宗教上面的；而现代社会是一个世俗化的社会，就是secularization。所以，我觉得非政治化的经济、非伦理化的政治、非宗教化的伦理，这个就是现代化的一个特点。

关于对现代化的理解，刚才我们提到了韦伯，其中有两个东西是最重要的。一个是世界的祛魅，也就是整个宇宙只是一个机械秩序，那么上帝的地位在哪里呢？上帝就像一个钟表匠，造一个钟，这个钟就在那边自动运行了，这就是世界的祛魅。另外一个是工具理性的兴起，人类的各个文化都是根据工具理性的原则进行的，这个工具理性原则其实就是效率原则。有一个人写了一本讲韦伯的书，叫做《理性的限制性》（*The Limit of Rationalization*），认为现代性事实上就是把一切都变成可计算性，就是工具理性。韦伯讲的这两个其实是一体两面的关系：世界没有意义以后，一切就都变成工具化，那么所有东西我们都根据效率原则来构成它。事实上，韦伯的这两个东西休谟早就提到过了。休谟有两个很著名的理论，第一个是从 is 不能到 ought，从实然不能到应然，就是事实和价值的分离；另外一个则是理性永远都是爱好的奴隶，因此我爱好什么是没有理由的，理性只能帮你去设计达到那个目的。

这在哲学上彰显出的最重要的一个东西：主体性的兴起。以前我们证明价值就是要把价值推到客观世界去，因为意义就存在于客观世界中，所以在西方就是把上帝作为依据，在中国则是把天道作为一个依据。可是，世界祛魅以后，意义完全是我们主观赋予的东西，因此，我们都知道现代世界是一个多元主义的世界。多元主义的世界是什么意思呢？就是我们每个人认为美好的人生是没有客观性的，这就引申出自由主义最根本的一个论旨：自由主义中立性原则。所以政府不能告诉我们什么才是美好的人生，个人的选择反而才是最重要的。所以，康德也好，密尔也好，都在讲“自律”这个词，美好的人生就是自主的人生，而这也就是主体性的寓意所在。我刚刚提到笛卡尔的自我，泰勒把它称做“自我界定自我”，以前我们界定自我是要推到别的地方，比如西方人说自我就是上帝根据它的形象所创造的，因此界定自我必须要追溯到上帝。中国传统说“天命之谓性”，你要追溯人就一定要追溯到天命那里去。笛卡尔说“我思故我在”，知识就是从这里开始的，所以不用推到我以外的东西就可以界定我自己了。这就是泰勒把它叫做“自我界定自我”的一个道理。

展望：哲学课题的三部分

以上是我对哲学和现代性的内容及其意义的认识，那么，我们面临这样一个处境应该做些什么？我把演讲的题目——“中国当前的哲学课题”分成三个部分：

第一，我们要去了解现代性的内容。我们想要现代化，就要知道现代性的内容是什么，现在现代性这个题目对我们来讲很容易。很容易不是说我们很容易了解现代性，而是说西方人已经做了很多。西方学界这一点令人不得不佩服，他们做自我了解这个功夫做得非常精致、非常深入，哲学家在做，社会学家也做，政治家也做，经济学家也做，大家都在做，我们可以从他们那边借鉴到很多东西。事实上，我们现在做的研究，大部分都是去看他们的东西。

第二，我们要去了解自己的传统。我们应该反省，为什么我们的现代化这么不成功，我们的传统文化是不是跟现代性有一些冲突矛盾？从 1840 年鸦片战争开始到 1978 年改革开放，一百多年的时间，我们的进步是相当微弱的。为什么日本从 1865 年明治维新开始，到 1895 年、1905 年就相当成功地进步了，甚至到二战的时候可以和美国对抗？和美国打表示日本的工业建设、教育和制度都发展到相当高的程度了，没有这些制度的支撑，早就被打垮了。我们自己应该好好反省。我自己在这里做个简单的对照，现代化以前，我们中国传统的秩序是一个有意义的宇宙，是一个道德的秩序而不是自然的秩序。这和现代是很不一样的，现代社会是一个契约的社会、市场的社会，是一个纯粹的人为的关系。而中国传统的关系是一个自然的关系，比如说中国的国家是从家庭推演出来的，这就不是一个人为的关系。

第三，我们要去了解当两个相当异质性的文化碰撞的时候会有一些什么问题，比如说文化之间是否可以比较、是否可以翻译。这就牵涉到相对主义与理性的问题。理性到底是因不同文化有不同了解，还是普遍的？相对主义者觉得理性本身可分作两面，一面是形式面，一面是实质面。形式面也许相同，但实质面有许多不同的地方，这是哲学上很大的一个问题，从柏拉图对话里的苏格拉底与普罗泰戈拉的辩论开始，一直到现在也没能解决。我刚才讲过现代社会是多元主义的，多元主义认为不同的人生是个人选择的结果，没有好坏之分，这也是相对主义与理性问题的一个方面。

基本上就是这么三类的问题是值得我们去做的。我们为什么要学西方，因为我们想要现代化；我们为什么要了解自己，因为了解自己是克服自己、超越自己的一个必要性条件。然后，在两个文化碰到的时候，我们就要去做一些哲学上的工作，比如相对主义与理性的问题。

| 问 | 您对"民主"这个词怎么理解?

| 答 | 民主可以了解成集体的决定。集体的决定事实上有三种方法，第一种是投票，这是我们一般所了解的民主。第二种是通过讨价还价，最后达成一个协议。第三种是论辩，就是哈贝马斯讲的审议民主。现在一些思想家不太满意第一种方法，希望能弄出一套审议民主的想法。我们现在所施行的、所了解的民主好像只有第一种，事实上民主还有其他的方法。

| 问 | 您能不能谈一谈政府的功能，刚才您说政府的立场是中立性的，这个和政府的功能是不是矛盾了?

| 答 | 不，政府保持中立的立场，这是自由主义的想法。在多元主义的情况下，因为没有价值的客观基础，政府只能保持中立。积极自由的意思是，我自己统治自己，个人的生活也是自主的，你不能来干涉我。事实上，你如果有积极的自由，政府也不能干涉你的生活。如果提倡个人积极自由，就已经达到这个目的了。因为如果政府干涉你，你就失去了自主。现代政治不是伦理的事业，而是大家集体过生活，要做集体的决定。牵涉到集体的事情，就不是道德所能解决的事情。

严复与辜鸿铭

——跨文明对话的遮蔽与洞开

刘　东

刘　东　1955 年生，祖籍山东。清华大学哲学系教授，清华大学国学研究院副院长。1977 年考入南京大学哲学系，毕业后任教于浙江大学，1985 年考入中国社会科学院研究生院，师从著名思想家李泽厚。研究方向为比较美学与国际汉学，著有《西方的丑学》、《浮世绘》、《理论与心智》等，译有《马克斯·韦伯》、《维特根斯坦哲学导论》等。

今天我主要讲的是严复和辜鸿铭，我希望通过这么一个案例，能够使诸位了解比较研究的方法。比较研究具有非常强的颠覆性，它可以把我们过去误以为既定的事实给颠覆掉，使我们重新认识自己的传统。

严复、辜鸿铭的比较研究

位于东南沿海的福建，自从近代海禁打开以后就成为中西会通的桥梁，这就可以理解为何严复、辜鸿铭和林纾这三位最负盛名的以不同方式穿梭于东西之间的翻译家全部来自福建，他们三位当时被称为“福建三杰”。在他们那个年代，那个中国终于被迫开始“睁眼看世界”，可以说，把西方讲给中国听，讲得最好的就是严复；反过来把中国讲给西方听，讲得最好的就是辜鸿铭；而林纾的翻译实际上是一种译述，他自己一字不会。比较而言，严、林二人都是以汉文译外文，把西方文化介绍到中国。严复在思想上是崇拜西洋的；辜鸿铭却不是，他是以外文译汉文，把中国的文化介绍给西洋人，思想上对于西洋的物质文明是有所批判的。所以，就当时中西文化的交流来说，严、林二人是输入，辜鸿铭是输出。因为我说林纾是一个译述，所以我主要还是讲严复和辜鸿铭之间的异同，而且这种异同的关切点最终还是落在辜鸿铭身上，因为严复我们通常研究得比较多。

有意思的是，严复和辜鸿铭都是福建人，都有长期出洋的经历，都进行跨文化的研究。虽然他们两人互相间你死我活，辜鸿铭甚至说要把严复杀了，但是仔细看的话，他们两个人的差距并没有那么大。留洋回来的人，要么说西洋样样好，要么就说西洋样样坏，直到现在我们也可以看到这种非此即彼的状况。在这个意义上，当年都在英国的严复和辜鸿铭是各取了一个选项。严复选择一个选项，说西方样样好；辜鸿铭选了另一个选项，说中国样样好，西方样样不好。

说到骨子里，向本国来说别国，而道别国之长；向别国来说本国，又道本国之长，其实内在的动机一也，都是对父母之邦的热爱。从这个意义上来说，严复和辜鸿铭是殊途同归的。所以很多针锋相对的话语，实际上往往都是被话语场所激。换句话说，当严复说西方样样不好，辜鸿铭说中国样样好的时候，他们自己未必真信，但他们的话语就是这样被激出来的。过去大家误以为一个发言的场域是匀质的，传播是标准化的，然而接受美学和解释学揭示了读者的存在对于作者的先期的影响，它已经限定了作者只说此话，不说彼话。

对于一个归国的留学生而言，他讲国外怎样怎样好，当然就会得到一种话语的优势；另一方面，向外言说的作者讲国内如何如何好时可以振振有词，但若说国内如何如何坏，要讲给外国人听，这个就不行了。此外，严、林二人进行各自不同的这样一种跨文化书写，也是出于他们自己个人扬长避短的考虑。相形之下，严复的中文更符合当时的标准，能写得一手够水平的文章；而辜鸿铭的外文更好，就算现在去看也还是非常好的，写得非常标准、古雅。

从国外形象让本土文化相形见绌这个意义上来说，其实从严复到鲁迅是一脉相承的；反过来说，梁启超的《欧游心影录》是受到了辜鸿铭直接的启发，也是接着说西方也有不好的。进一步说，同样是来自福建的林语堂，他也是继承了辜鸿铭的事业，而且他们的很多观点也是有内在继承关系的。由此我们就可以看到他们两人的观点，无论是偏激还是公正，无论是洞见还是盲点，都是有人继承的，而且逐渐在中国近代思想中间构成两大话语、两大传统。

正因为这样，可悲的是一旦有了一个言说的传统，那就是个集体事业，他们讲出的话就不属于他们本人了。话语一经形成、传播了，就会变成一个语言定势，这个时候就不是人说话，而是话说人，而且自己要被牵着走，想不再说都不行。严复之所以从革新者逐渐变得保守，就是因为他想放弃他自己说的话语。所以，如果连严复后来都被漫画画成了抽大烟的这么一个形象，辜鸿铭就更加在劫难逃了。现在中国对屡遭批判的晚期的严复和从未正眼相看的辜鸿铭都有了一些回潮式的评价，然而这种回潮式的评价都还只留于只言片语之间。在我看来，光是摘录他们一些话是不可取的，如果这些话说得好，虽也不无一些闪光点，但是没有从整个话语的谱系去研究它。对于严复和辜鸿铭，不能把他们拆得这么七零八落，这样的做法完全失去了同情的理解，没有上下文的联系，也根本没有什么见识可言。正因为这样，我们只有深入他们发言话语内部，才能感受到严复和辜鸿铭发言的连贯性，而不至于把他们的想法拆散。如此，那些启发人的洞见，就不是偶然的开窍；那些不合胃口的话，也不是偶然的、再次的发昏。

这里不得不提“文化保守主义”。我们以往的思想定势中有一种错误，以为凡是西来的观念都是激进的，凡是本土的观念都是保守的；其实恰恰相反，保守主义也是引进的。最大张旗鼓地反对原有传统的，往往是那些对传统见习很深的人；最大张旗鼓地反对毁弃传统的，偏偏是对西方文化了解比较多的人，比如辜鸿铭、陈寅恪。

任何一种文化到了跨文化语境中间，它都会构成思想多元的营养之一，就像我们要保护动植物的物种一样，我们一定要保护文化的物种。和那种将西方和中国的标签简单地贴上激进和保守的做法相反，倒是立足尊重精神传统的保守的人，往往更能进入西方的经典。

实际上，严复和辜鸿铭都是中西文明剧烈碰撞时候的产物，他们都具有强烈的批判意识，而且这种心态的偏激都是为当时的实体所激。既然如此，凭什么说辜鸿铭是保守的？他不是特别有批判精神吗？为什么非得说严复到了晚年趋于保守？他不是对西方更批判了吗？所以，所有对他们两人下的判定都是站在外来文明的立场上得出来的。对这些人来说，关键不在于他们是否批判或者保守，而是看其对谁批判、对谁保守。

进一步说，究竟如何去向一个原本格格不入的语境解释一个异在的文明？特别是究竟如何在跨文明的语境中去向外方人讲述本土文化的奥义？这本身就是一个很大的挑战，本身就是知其不可为而为之。对话本来是一个语言共同体内部的事情，可以说，跨语地的对话本来就是要超出这个语言共同体去对话，它就在寻求这种不可能的可能性。

比如说“魏晋风度”。“风度”是什么？翻译成英文丢失一大半，说出来的和没说出来的同样多，在这个意义上，跨文化本身的敞开和遮蔽是同时出现的。即便如此，我们也应该说，如果语言是存在的家，尝试跨出这个语言边界的人，他就如同那些率先打算离家出走的人；如果语言是存在的深度，那么跨越出这样的语言边界就是在向更深的自我去探索，去进行风险的下探。他们跨越出自我的同时，有可能是超越自我，也可能是丧失自我；有可能是走上高峰，也有可能是坠入深渊；有可能是左右逢源，也可能是进退失据。所以再回到这个话题，在中西文明中间，在敞开和遮蔽、机会和风险同时存在的时候，严复和辜鸿铭就是最早的一批探险者。

我们看到，严复为了自己的论说制造了一个特别的二分法，比如西方人重法律，我们重道德；西方人主外，我们主内；西方人喜欢人力，我们喜欢天成，等等。辜鸿铭为了说中国怎么好，他也制造了一个二分法。这两个加起来，就造成了一个四分法。如果一个镜子变成四半就是一个哈哈镜了，实际上中国的形象和西方的形象当时都是破碎而变形的。由此大家知道，如果从比较文学的角度来看，所有二分法都是一个主观的建构法，它不一定是事实。“比较”这个思维方式本身就会有一种激化的特点，上来一说就是中国怎么样，西方怎么样。这样的话，我们更像一个哈哈镜，这时候看出来跨文化认知有很大的随意性和任意性。

正如严复的西方论说并不全都对，辜鸿铭的西方论说也并不全都对，他们必须有所取舍，他们在制造他们自己话语的时候，必须有所取舍才能原初他们的那个话来。虽然他们本来就不易求全，但是他们影响巨大，不光是很多中国人对西方的看法是由此而生的，甚至很多人中国人对于自己的看法也是由他们这两个话语而生的；到现在为止，还仍然如此。中国人的自我认同很大程度上是在跨文明的对话中不断产生的。

到了后来，人们并不知道严复和辜鸿铭两人如此背反论调其实是处于同样的情况；换句话说，是两个必然要出现的片面的深刻，以为严复早年说的都对，辜鸿铭终其一生说的都不对。其实严复的西学是很有问题的。比如大家知道的最有名的《天演论》，这是选错的，因为《天演论》本来讲的是伦理学。我们长期说严复是西学第一人，其实真正的近代西学第一人是辜鸿铭。更加严重的是，我们不知道去思考制造出这两种片面的、深刻的所以然，以至于对于严复的论说就径直当成纯粹的事实，而把辜鸿铭当成了一个怪杰。这是纯粹的歪曲。其实相形之下，辜鸿铭的学说想法是太前卫了，只有到很晚的时候才能够发现。说实话，中国必须富强到一定的阶段，才有这个心理去接受辜鸿铭的说法，当然我们也更多地尝试了现代性的负面。所以说，我们充满苦涩地发现，原来中国人长期以来无情嘲笑的就是这样一位在跨文明的语境中不懈地为自己的同胞陈辞的人。这个事情很好笑，可是叫人笑不起来。

众所周知，辜鸿铭当时跟托尔斯泰有过长期的书信往来，而且互有好感，声气相投。然而中国当时就算有一个托尔斯泰又当如何，就是有也被中国人荡平了、遗忘了。相形之下，尽管斯拉夫主义在苏俄也被批判，但是托翁绝对不会像辜鸿铭这样被漫画化。

这样一种漫画化的批判当然都是“五四”后占上风的文化激进主义所导致的。但是这并不是当时的情况，让我们回到原初的语境看看当事人对于辜鸿铭的学识和能力是如何评价的。辜鸿铭曾担任张之洞的外交顾问秘书，一干就是20多年，张之洞对他称赞有加，说：“鸿铭精神满腹，的是杰出之才。”再如孙中山说：“中国有三个半精通英文者，一个辜鸿铭，一个伍朝枢，一个陈友仁。”可见孙中山对其英文造诣佩服之深。我再说一个人的评价，也许诸位绝对想不到这个人也会说他这么好，这就是李大钊。李大钊说：“愚以为中国二千五百余年文化所出一辜鸿铭先生，已足以扬眉吐气于20世纪之世界。”美国一位学者艾恺也说：“与泰戈尔、冈仓等成为东方著名圣贤的，是辜鸿铭，不是梁漱溟，不是梁启超。”

这里面，比较的方法是非常有力量的。运用比较的方法，这样就有了一个世界性的眼光。我在这个世界性的眼光中就知道，没有任何一个文明是可以靠毁弃自己的传统从而达到现代化的。任何一个历史想要有效地发展，都必须得激活传统。比如说王国维有一首诗叫《黑海西头望大秦》，这就是王国维所有学问的写照，就是远远地从一个外国的角度去回看他的本土，那么他看到的情况就不会是一叶障目，就不会使得传统文化在他自己并不真懂得的西洋参照系下显得相形见绌。其实，熟知外国的人都具有这种跨国观察的优势，他们知道西方也不是理想国，知道中国这样毁弃自己的传统，其未来会比现在还要凄惨。

这里面牵扯到一个解释循环的问题。解释循环的意思是，你是先知道树木，从树木知道森林；还是你先知道森林，然后从森林知道树木？其实搞比较文学的人差不多是先知道森林，然后再去说树木的；而有一些人只埋头专研树木，一辈子不知道林，所以说这是两条路。

我还回到刚才最早的列举，为什么辜鸿铭戏言要杀掉严复呢？有一次辜鸿铭在宴席上大放厥词，恨不能杀二人以谢天下，有客问他二人是谁，他回答是严复和林纾，而严、林二人均在同席。严复涵养好，对辜鸿铭的挑衅置若罔闻，林纾则是个爆脾气，当场质问辜何出此言。辜鸿铭振振有词地拍桌骂道："自严复《天演论》一出，国人只知物竞天择，而不知有功名，于是兵连祸结；自从林纾《茶花女》一出，莘莘学子就只知男欢女悦，而不知有礼义，于是人欲横流。以学说败坏天下者，不是严、林又是谁？"听者面面相觑，林纾也无从执辩。他看似说的是嫉恨之词，大家也觉得他是怪者，其实他说的是一个很重要的道理。对于《天演论》的作者而言，就算把社会达尔文主义引进中国，让中国加入永无休止的从个人到种族的争斗，就算是中国起来了，那也是以毒攻毒。其实，我们经历了"与人奋斗，其乐无穷"的"文革"，再看看现在中央领导人不断大声疾呼和谐社会，我们就知道其实辜鸿铭说的不无道理，那种物竞天择其实就是一剂虎狼之药。

一旦双方的语境不可思议地演成了热闹对比冷激，那么穷极潦倒的一方当然就会口出怨言，这是不可否认的，所以说后来严复是比较温文尔雅的，而辜鸿铭就是比较偏激的。但是我们应该有同情的了解，有时候非常刻毒的戏言背后有他宝贵的意见。

这个时候我们回过头才大彻大悟，原来从一开始辜鸿铭就是学文的，有权利说文化，而严复是学工的。换句话说，他们两个人一个是专业的、一个是业余的，只是我们没弄明白。

跨文明对话的遮蔽与洞开

我说的这个案例清晰地表明，正是对话性构成了自我性的重要部分。实际上，我们所有的自我认同都是在国际对话中产生的，讲中国如何如何，都是在跟西方对话中间不断产生的一种再发明的传统。正是在持久的、深入的、激烈的对话中间，很多潜藏的自我才得到挖掘。激烈的跨文化争辩当然会带来很多变形，往往会造成视而不见，造成对形式的遮蔽。但同时，这样一种激烈的跨文化争辩，也会带来很多洞开，使得对问题的看法更加深刻，哪怕是片面的深刻。即使有的时候是为了在争论中占上风，那也调动你的积极性，说出很多道理来，有时候简直是不假思索，话到嘴边就说出来了，后来还觉得自己是突然得到了灵感。

正由于严复和辜鸿铭的话语都是相对于语境而产生的，我们甚至都不能说他们两个人中哪一个人是绝对正确，哪一个人是绝对错误。我们唯一能够一口咬定的就是，如果无条件地倒向他们中间的一极去淹没另一极，那肯定是错误的。正因为如此，我也无意于为辜鸿铭的每一个论点辩护，我只是说我们如果能在两个片面中去寻找那个合题，就会比过去做得好得多。

然而到了今天，我们更应该认识到，对话性更应当建立在我们自己心里，以便让我们的心胸更加开阔、包容，所以两个片面的真理也应该走向合题，也就是在超越与固囿、改革与保守中间要形成某种张力，在批评自己和批评外部中间，要达成某种平衡。辜鸿铭曾用德语写过一首诗："我们坐着谈论新式的信条和古老的学说，还有那现代的主义从古到今滔滔不绝地谈个不停。你渴望的是最优和最优者的组合，要打破那东方和西方的畛域。"换句话说，最后文明与文明的对话之间会产生最优和最优的组合，中国人是这样想的，西方人也是这样想的。

在此，我们可以借严复和辜鸿铭两个人的写作活动来推判在激烈的文化冲突中间，人们当年是如何在跨文明的语境下发挥其中选择的主动性来建构出自我认同和文化论说的，因此在不断地走向合题的时候，中国人的自我认同才会不断地变化迁移，中国性才是灵动的、充满生机的，才会印上我们持续的努力。

｜问｜您认为在中国传统文化中，有哪一种观点或者形态能够代替"物竞天择、适者生存"，有没有什么更好的指导思想？

｜答｜我们本来不必如此推倒儒家的思想，如果有儒家的思想在，我们还可以给人类提供一个参照系。其实，如果人类不走西方这条路就好了，但是无论如何，儒家还是给了我们一个话语的基础，让我们有一个话语去批评。比如辜鸿铭说，本来我们都不喜欢有那么多的律师，那么喜欢用法律去解决争端，更多的是相信孔子的话：有耻且格，希望能够是这样文明。这非常有意思。

|问|您如何看待当代中国的新左派和自由派的争端?

|答|严复和辜鸿铭实际上代表了一个西方和本土这两种文化观念的对质，而新左派也罢、自由主义也罢，他们都是一种欧洲的理论，它产生于欧洲生活的经验。说到新左派和自由派，他们都有好处，只是不要全信。比如说，本来新左派这套理论更适合用来对外，在批判外部势力的时候非常好用；而自由主义的理论更适合对内，在批评社会内部势力的时候非常好用。换句话说，这两个东西一个用来对外、一个用来对内的时候，实际上都预示着反抗某种权力，为弱小者说话，伸张公平、伸张正义。可惜的是，不是我们这里面有人相信新左派、自由派，而是他们把这个理论反过来用。现在自由主义的理论多数用来对外，而新左派的理论用来对内，正好逢迎了两种权力，所以他们差不多没有发挥这两个主义的任何好处，而大大地夸大了它的坏处，这是目前的困难。

人文科学的危机和艺术史的前景

范景中

范景中 1951年生，天津人。中国美术学院教授，中国美术家协会理事，中国美术家协会理论委员会委员。1977年考入北京师范大学哲学系，1979年入浙江美术学院攻读艺术理论。长期从事美术史研究，着重把美术史的研究和人文科学的研究相结合。著有《法国象征主义画家摩罗》、《图像与观念》等，译有《艺术发展史》、《艺术与错觉》、《艺术与人文科学：贡布里希论文集》等，主编《学院丛书》、《学术史丛书》、《美术史与观念史》等。

在十几年前，我和一些朋友曾做过一点儿工作，我们力图使人们相信，为了推动学科的发展，应该明确地把美术史置于人文科学的牢固根基之中。那时，我们都还年轻，有股干劲儿，不但在杂志上，而且还出书宣扬这种主张。但随着岁月的流逝，我个人却越来越强烈地感觉到，当初作为一个乐观主义者所瞻望的那种前景，正在日益离我们远去。

这种感觉是随着一种总体感觉而来的，即在世界的范围内人文科学都在逐渐衰落。这样说可能过于笼统，但我认为，撇开现代社会从外部给予人文科学的各种压力不谈，仅就其内部而言，至少有两个方面可以让我们产生这样的感觉。首先是学术研究也和时装翻新一样，成了一种追逐时尚的比赛：今天是结构，明天是解构；今天是巴特，明天是福柯；今天是现代，明天是后现代。一些真正伟大的观念还未得到认真对待，就被时尚的洪流席卷而去。可以说，这种对于学术时尚的追逐，成了我们当代浮躁学风的主要特点。

一位现代派艺术家告诉我说，在美国，先锋派艺术家通常每隔十天半月就要跑到纽约去转悠几天，以便刺探军情，好决定下一步的走法。现在，中国的学术研究领域也产生了类似的先锋派学者，他们急于冲锋陷阵，去填补空白，而实际上却又惴惴不安，生怕被冷落在“共同话语”的外缘。据说，最近时兴的话题是伯林(Isaiah Berlin)的自由观念，但我怀疑，每十个高谈阔论的人中是否有一位真的去钻研过他的著作。

在这场追逐时尚的潮流中，很多学者整天赶时髦，赶任务，无暇安心读书，无暇静心思考问题。名利场毕竟是极其诱人的竞技场，而每个名利给人以体面和荣耀的地方，学问便掺了水分。于是，经典著作真的成了人们觉得应该认真精读而从来不去一读的东西。相反，那些评述各家各派或时新观念的提要性论著倒成了争传抢手的读物。我曾在一篇短文中对这种现象表示过担忧，这当然不是说它们一无是处，而是觉得，在这类文字中，真正伟大的观念常常不是给淡化，就是被歪曲，或者就像维吉尔(Vergil)所说的 apparent rani nantes in gurgite vasto，把一点点有价值的思想淹没在废话的汪洋大海之中。而与此并行的另一类论著，即那种傲慢或晦涩的论著，却又往往给追捧为独创和深奥的样板。

无须赘言，经典著作被废置高阁，这不仅是学术界的悲哀，也是整个读书界的悲哀。为什么要阅读经典？对于这个问题的回答，我想不出比爱因斯坦的回答更清晰更透彻的了，值得大段引述：

> “有的人只看看报纸，最多是再读一些引自当代作者的书，这样的人在我看来正像一个极端近视而又讨厌戴眼镜的人。他所依赖的完全是他那个时代的偏见和时髦，因为他看不到也听不见别的任何东西。一个人要单凭自己来进行思考，而得不到别人的思想和经验所提供的刺激，那么即使在最好的情况下，他也只能是个没有什么价值可言的、枯燥无味的人。
>
> 一个世纪里，具有激情的思想风格和幽雅的鉴赏能力的启蒙者，总是很少的。他们留传下来的著作，是人类最宝贵的财富。要感谢历史上少数作家，全靠他们，中世纪的人才能从那种使生活黑暗了500年以上的迷信和无知中逐渐摆脱出来。
>
> 为了克服现代主义者的势利俗气，再没有比古典文献更为需要的了。”

当然，一个学者不可能终日抱守经典而不去关心他专业领域的学术进展，但是记住爱因斯坦的这段话还是会受益终身。奇怪的是，在当今出版物急遽增加，那么多学者争着了解新观念的情况下，博学之士反而日见稀少，这就是我认为人文科学正在逐渐衰落的另一个方面。换言之，人们越来越成了各自领域的“专家”，整日忙忙碌碌去应付他手中的狭隘问题或虚假问题，以确保他们的专业沿着阻力最小的途径发展。结果，他们的学科分散成了许多无足轻重的支流，充满了大量孤立的琐碎的细节。

我们的大学不仅在古典语言和外国语言的教育上总体来说是失败的，而且在评定职称和对论文数量的要求上，也存在着使人文科学失去活力的危险。由于出版成果方面的压力，教师们越来越脱离了那些需要广阔的知识才能驰骋想象的领域，越来越不愿意去 pascere la mente con la lettura (为了丰富自己的思想而阅读)。他们甘心选择那些易于求解甚至平庸的问题，并且把它指定给学生，以便很快能完成学位论文。这使我们想起早在300年前黄宗羲先生所指出的“专业化”弊端：

“学问之事，析之者愈精而逃之者愈巧。”

这种机巧如果只是解决学术问题的小聪明，那也无可厚非。但是，机巧很容易变成“机心”，学者一旦失去老老实实的态度，为害的就不只是学问本身。小学者要花招，出妙手，去打击别人，也不过是抬高抬高自己。而大学者就不然了，他往往要跨越他的学者地位，去惊天动地，叱咤风云，因此，这种大学者的为害就不是我这种从未经过文字狱之苦的人所能言说的了。

我这样讲肯定出言过重了。专业化未必就导致心灵狭隘，而再好的知识也会产生意外的结果。尽管如此，借知识以开拓心胸，这种提法我想无论怎样强调恐怕都不会过分。古典人文学者所信奉的 Agere et intelligere，不仅暗含着人生有涯，知也无涯的感慨，更重要的，它是对于心灵无限容量的赞美：只有无穷的探索之心，知识才能有无穷的前景、无穷的累积和无穷的增长。

现在，我想换一个角度来说明专业化的弊端。在一次讨论会上，我听到人们对于那类读书破万卷的老式学究的揶揄，讥笑他们不过是能走动的“活书架”。这似乎是鹤见佑辅在《徒然的笃学》中对19世纪英国大历史学家阿克顿(Lord Acton)嘲讽的回声。鹤见曾经写道，阿克顿在60年间读了70000多卷书，每一卷都做了校勘和批注，但从中“竟不能寻出一个创见来”，虽“以读书为毕生的事业，而终于没有悟出真义”，度过“可悯的生涯”，“是一个悲剧”。鹤见说得不错，阿克顿的确是当时英国人中读书最多的人。当他1901年中风并于翌年去世时，人们哀叹他把巨量的未曾用过的知识带进了坟墓。但是，他的生涯是否悲剧那就另当别论了。而说他读书未悟出真义，则只能说明鹤见的悟性出了裂痕。诚然，由于阿克顿有个习惯，资料不全就不愿意写作，致使他计划的著作《自由的历史》始终没有完成，可实际上他却是带着怎样丰富的创见在构思那部巨著啊！ 布赖斯(Bryce)在一段相当出名的话里说道：

> “20年前的一个深夜，他在戛纳的书房里，曾向我说明过关于这样一部自由的历史应该怎样编法，怎样使之成为全部历史的中心线索。他不过谈了六七分钟，但那谈话却像一个受了灵感鼓荡的人的谈话，他仿佛从高空的某个山巅望尽了脚下人类进步的辽远曲折的道路，从史前混沌的息米立亚人岸边的朦胧阴影一直到光焰较强但仍然明灭不定的近代。他那滔滔的雄辩是壮丽的，但比这雄辩更为奇伟的是他洞悉一切的惊人想象；它通过一切事件并且就在一切时代之中窥见了那些道德力量的作用；那些力量时成时毁，但却始终不停地转化；它们曾经形成而且一再形成人类的制度，并将其瞬间万变的能量转化形式赋予了人类的精神。这情形恰似人类历史的全部图景在一线阳光的辉耀之下骤然闪烁起来。”

事实上，正是阿克顿广阔的学识与想象的洞见的互相辉映，正是他把揭示自由的过程当做历史学家的责任的深刻见解，使他在古奇(G. P. Gooch)的名作《十九世纪历史学与历史学家》(*History and Historians in the Nineteenth Century*)中与梅特兰(Maitland)并列，占据了重要的一章。

谈起那些百科全书式的旧式学者，很多人都不以为然，而我则衷心景慕他们。 这当然丝毫不会贬损我对那些专家的敬意。 但是专业化的结局的确令人担心，因为完全依赖自己的专业将会破坏人文科学的意义。

无须说，这种意义是建立在人类知识的整体性之上的。 对于一个人文学者而言，他的基本工作大致就是运用语言这个工具去精研原典，竭力使典籍的尘埃变成珍珠，发出光彩。 我们知道，最初的意大利人文学者就是这样做的。 他们在重新挖掘久被遗忘的古代拉丁文献的过程中，一方面是抄写、编纂，甚至印刷那些典籍，以确保其不沦为流尘荒草。另一方面，他们通过深入研究古典拉丁文的拼法、文法、修辞、历史、神话、碑铭、古钱，而把校勘（textualcriticism）与历史解释(historical interpretation)的技巧日益完美地结合起来。在这种试图重新掌握古典世界的真正遗产，并因此获得那些适合发现这些遗产的技术的努力之下，他们很快就远远超越了中古时期对古典世界具有的知识，从而保持了对古典世界的更全面、更深刻的记忆。若非这些人文学者的努力，很多古典著作，甚至包括柏拉图和希罗多德等人的伟大著作，恐怕早已在土耳其人占领东方拜占庭帝国之后荡为冷烟。无疑，失去那种记忆对于人文学者来说是极其遗憾的，因为往昔的大师和成就乃是他们在一切生活境遇中具有指导意义的典范。

而现代科学的第一步，正是在这种背景下跨出的。由于古典人文学者提供了古典的科学文献，科学给酝酿、给催化了；由于努力要在自然中看到古希腊学者宣布已经发现了的东西，欧洲的科学家逐渐发现了自然中真正存在的事物。把大自然之书看成是由数字写成的这种信念就是人文学者重新发扬柏拉图传统的一个不可分割的部分。这个信念激发了天才的大师莱奥纳尔多·达·芬奇，使他想通过数字、重量和尺寸(numero, pondere, etmensura)去解释和理解那显现于亘古不移的自然法则中的理性。他不仅在笔记中不失时机地引用了在1426年才由瓜里诺(Guarino)发现的塞尔苏斯(Aulus Cornelius Celsus)的伟大著作De Medicina(一说为教皇尼古拉五世发现)，而且他在研究水和空气运动形式的草稿中还显示了对于亚里士多德哲学的了解，这给《最后的晚餐》的构图带来了惊人的效果。他的笔记有几千页之多，满布文字和速写，人们越是钻研就越是难以理解，一个人怎么会在那么多不同的领域独秀众侪，而且几乎处处都有重大贡献。后人由衷地赞美他是universal man，而他却谦虚地称自己为a man without letters。

在知识专业化、人格单向化发展的现代社会，人们经常用莱奥纳尔多这样的通才来反省我们的文化，以引发我们向往，是不无道理的，正如菲利普森(Morris Philipson)所说：如果把莱奥纳尔多当做一种原型(archetype)，那么它是这个经常受挫的时代的一个理想的实现，是这个支离破碎的时代的一个完美的理念，是在这个狭隘的专业化世界一个乐观的梦想者与实际的计划者所能做到的令人满意的结合。

以上所述，没有什么新鲜的见解，但却很容易使人想到培根的口号：知识就是力量！ 在 20 世纪五十年代这句口号曾是一家杂志的刊名，因此我在上小学的时候即对它产生了深刻的印象。 然而就是前面提到的阿克顿，使我对这句振奋人心的口号有了新的看法。 阿克顿尖锐地指出：力量倾向于腐败，绝对的力量就是绝对的腐败。 此处，对于人文科学就像对于自然科学一样，我毫不犹豫地同意波普尔的看法，把人文科学看成是增加人的力量的手段是对于圣灵的犯罪。 抵御这一诱惑的最佳措施就是意识到我们知道的何其之少，我们所获得的那一点新增加的知识中的最好的知识，开辟了我们全新的无知的大陆，正是通过这一事实，我们的知识才显示了它们的意义。

伽利略在开辟通往未知大陆的过程中，早就提醒人们，最好还是说出那句智慧、敏捷而谦虚的话：“我不知道。”这句话成了创造新世界的宣言。 他不仅为人类知识的自由辩护，而且也在试图为人类创造出一些不同的生活方式的可能性。

这些可能性，在人文学者看来，是把它归于“沉思生活”的名下展开的，也就是伟大的美术史家潘诺夫斯基所称的“心灵的活动”。 由于我们无法仅仅从“行动生活”的角度来理解我们的世界，于是，这种心灵活动或者沉思生活便成了人文学者以谦虚的方式去参与创造现实的活动。 这样，从这种心灵的活动、而非心灵的财富的角度出发，人文科学的理想目标大致接近于智慧。 早期的人文学者梦想的就是古典时代作家的 aurea sapientia(黄金般的智慧)。 他们要以这种智慧来反对那种琐细无聊的诡辩哲学。 在他们看来，真正的智慧所关心的是人类和他们的行为、个人生活和国家政府的行为、对美的欣赏以及对真理的沉思，特别是对宇宙和我们在宇宙中的地位的沉思。 而诡辩哲学却对于琐碎的论点进行琐碎的辩论，忘记了那些困扰着人类的重大问题。

因此智慧本身就意味着责任，诚如一句短语所言 sagesse oblige，是责任，但不是力量，“企图兼有智慧和力量，过去极少成功，即使成功，也不过昙花一现”(爱因斯坦语)。 在人类的伟大文化遗产日益受到威胁的今天，人文科学负有什么责任，人文学者或者说知识分子是否还意识到他们所处的特殊地位？在我看来，这已成了我们学术生活中的一个重大问题。在这样的形势下，我们的艺术研究三藩，即艺术理论、艺术史和艺术鉴定这三个领域，如果总的情况依然是，理论家想当未来时代的预言家，历史家想当过去时代的预言家，只有鉴定家在他的禁地独享着艺术品评和真假归属的乐趣，而没有一种力量能促使三者相倚、汇为一强的话，那么就艺术史而言，尽管有老一辈学者留下的学术财富，尽管有年轻一代的特立独拔之士，但是，要想使根基本来就很薄弱的艺术研究能够为人文科学赢得光荣，这恐怕在我们这一代一直是飘浮在脑海中的美好前景。

｜问｜如何正确对待和协调理性与情感、学术和生活，更好地达到和谐的状态？

｜答｜尽管我是一个散漫的人，可是我对理性非常尊重，我认为理性是人的最优秀的品格之一，任何东西都代替不了理性。理性教会了我们一个非常重要的能力，就是批判。我为什么这么赞美理性？因为如果我们想让我们的生活得到和谐的话，理性是非常重要的因素，它平衡着我们的生活。可是我们也知道，人不光是理性的动物，人还有感性，还有想象力。我们的生活是理性、感性和想象力融在一起的，感性和理性在人的身上互动，这样，作为一个生活的人才是一个完整的人。

我们生活中为什么要欣赏艺术？简单地说，我们欣赏艺术的时候可以摆脱理性这个紧张的束缚，可以放松一下，我们可以看看电影，看看绘画，听听音乐。可是另一个方面，我们在放松的时候，理性并没有完全沉睡，有时候我们听了一段美妙的音乐后会震惊：这个音乐怎么这么美！道理何在？我们已经在想这个问题，这是理性对你调节的影响。我相信，理性跟感性，或者说理性跟非理性其他方面总是在互动的。我现在所担心的是，对于艺术，非理性的东西越来越多，对我们的生活造成了一种破坏性的影响；特别是那些非理性的哲学家，大谈一些非理性，我觉得这是非常危险的。很多电影大师他们自己生活不愉快，拍出来的电影也让我们不愉快，看了以后难受，觉得自己也想把魔鬼的力量释放一下，如果这样大家都释放魔鬼的力量，这是非常糟糕的事情。

霸王别姬

——从历史传说到电影的旅行

葛兆光

葛兆光　1950年生于上海，祖籍福建。复旦大学历史系教授，复旦大学文史研究院院长。1984年毕业于北京大学中文系研究生班，主要研究领域为中国古代思想史和宗教史。代表作有《禅宗与中国文化》、《道教与中国文化》、《唐诗选注》、《中国禅思想史——从六世纪到九世纪》以及《中国思想史》两卷本等。

今天我想借用从司马迁到陈凯歌这个关于“霸王别姬”的故事的演绎，来讨论三个我所关心的问题：

第一个，历史和文学有没有截然的界限？《霸王别姬》的故事，从历史变成传说，从传说变成想象，想象的东西从小说、散文变成戏剧，最后变成电影，这里面是不是有一定的连贯性？

第二个，过去和现在有没有截然的界限？大家都知道，学历史的人都有一句老话，叫做“历史是现在跟过去无尽的对话”。如果没有“对话”，“历史”只是过去的事情，而跟现在没有关系；可是一旦有了对话，历史跟过去，那种界限会不会消失？

第三个，我们所说的历史是不是一些被压扁了的，用铅字印出来的书？在我看来，历史绝不是被压扁了放在书架上的东西，它会不断地复活，也会不断地在你的生活里出现。

从《霸王别姬》谈起

《霸王别姬》在中国是一个非常动人的故事。这个动人的故事，其实由两方面构成：一方面是“力拔山兮气盖世”的那种豪气英雄。英雄不足奇，足奇的是末路英雄，就是当英雄到走到末路，他才会有感人的力量；另一个是为情感自刎而死的虞姬。如果这个虞姬痛痛快快、顺顺利利地赢得爱情，那也不足奇，虽然她也有爱情。当这个爱情最后断送了她的性命，这份感情才足奇。英雄的悲壮和美人的哀婉，构成一个悲壮凄婉而又饶有兴趣的一个故事。

“霸王别姬”的故事流传非常广，不仅是在京剧里面，在历史上也有很多传说和文学作品。张爱玲曾经写过一篇散文，题目就叫《霸王别姬》。她想象这个江东叛兵的领袖“有粗线条的脸庞，皮肤微黑，宽大而坚毅的下巴”，等等。张爱玲完全是从一个女性作家的角度想象的。其实，在史书里面关于楚霸王只有一个记载——他是重瞳子(即一只眼睛里有两个瞳孔)。然而，后人对西楚霸王的描述非常丰富，他们通过舞剧、京剧、电影、歌曲等不同形式描绘了对西楚霸王的想象。

但是，所有这些创作都比不过陈凯歌导演的这部《霸王别姬》。他借助“霸王别姬”这个戏台上的东西，演绎出了一个非常复杂的故事。

当然，50%的成功要归功于香港作家李碧华的创作。在我看来，李碧华写的《霸王别姬》和陈凯歌导演的《霸王别姬》，非常成功的地方就是有三条线。

第一条线：《霸王别姬》舞台上演的一个英雄的豪壮和悲剧下场，跟一个美人的哀婉气度和她的自刎而死这么一个故事。这是舞台上的一条虚线。第二条线：从民国18年(也就是1929年)，到日本侵略，至新中国成立后，尤其是“文化大革命”这一条线。这条线由一个艺人或一些艺人在不同的时代、不同的政治环境、不同的民族矛盾，以及他们的坎坷命运交织起来。这是生活中的一条实线。第三条线：就是戏内和戏外一种同性和异性的关系。也就是在虚幻和现实中间，即演戏的人、戏中人和戏外人，性别变化的一些关系。

所以，这三条线虚虚实实地纠缠在一起，就形成了戏里有戏、戏外有戏的局面。它演绎了一段在古代台上、古代故事背景下的近代中国的一个历史故事。实际上，包含了男和女、男和男、家和国、时代和个人等很多复杂的问题。

在历史和文学之间

我们在小说、评书、电影、京戏里看到或者听到的《霸王别姬》，其实都是后人的文学想象。想象是文学的特权和特色，而这些文学想象演绎的都是汉代司马迁的历史记载。司马迁记载的不是历史，而是他对历史的追记和回忆。想象和回忆有三个区别。

第一，想象是有意识的夸张和美化，可以没有边界地铺张渲染；而回忆是记录所见所闻，在他们的意识里都是实录。第二，想象中可以不加掩饰地表达感情，作者的感情非常有意识地投射在故事中；而回忆的里面虽然有感情的成分，但这个感情是不自觉的、没有意识的。第三，想象可以尽量用华丽的文字和感人的语言去表达；而回忆更多的是一种平白直述。

在司马迁那个年代的回忆，就是历史。可是，回忆毕竟还不是历史。凡是研究《史记》的人，无论是中国学术界，还是国外学术界，都有一个共同的感觉：就是司马迁的时代是一个文史不分家的时代，也就是说那个时候文学和历史并没有成为两个不同的领域，真实的历史和虚构的文学之间并没有一个截然的鸿沟。所以，从《史记》的记载来看，在司马迁的历史里面，他不是要给你留下一个字不差、一个事情不差、一个人不差的、一个非常严格的历史档案式的记录，而是要“究天人之迹，通古今之辩”，描绘一个伟大的，对宇宙和历史的记载和感悟。

司马迁在创作《史记》的时候，并没有把文学、想象、感情排除掉。现在许多人评价《史记》是“无韵之离骚”，就是这个道理，它其中有很多文学性的成分。另外，司马迁的感情色彩是很重的。一方面，他无端受到汉武帝的迫害，受尽人生侮辱；另一方面，与像现在搞历史的人不同，司马迁不是在“故纸堆中讨生意”，而是到处跑到处走，去搜集一些民间传说素材来丰富他的历史写作。所以，在《史记》里面，我们会看到很多被文学想象的东西，因为它不是历史，而只是回忆。回忆跟想象稍微近一点，回忆跟历史也近，它就像是历史跟想象的中间站。

我们可以通过举例来说明这个问题。在汉高祖五年发生的“十面埋伏”和“四面楚歌”的故事，《史记》里面记载说：项王军队驻扎垓下，兵少粮尽，汉军和诸侯兵围树丛。到了夜里，听见汉军四面围起来，都唱着楚歌，项羽天真地说：“我们的老家都被刘邦占了，为什么那么多人会唱楚歌呢？”这是第一幕。还有关于“别姬”的一幕，项羽在帐下慷慨悲歌，就出现了“力拔山兮气盖世”的壮语。但是，《史记》里面并没有记载虞姬起舞和自杀的情景。《史记》里面只是说当时唱完了之后，项羽和他的左右同时都流下了眼泪，可见是一个公众场合，并不是私人场合。这些故事都很精彩，但是，实际上这只是司马迁的一个追忆，并加之后人的想象，不能把它当做完完全全的历史。

所以，许多人指出“霸王别姬”的故事有很多疑问。《史记》总共130篇，有23篇是关于楚汉之际的历史，但是，某些故事在这23篇里面反复出现，而且每次出现都不一样，甚至还有很多矛盾。所以，西方一位学者评价《史记》“没有一以贯之的叙述者的声音”，为什么？因为《史记》并不追求历史的严谨与统一性，它与西方那种以一个人为中心的定点式的观察不一样。如果用一个有趣的描述，我们可以说，“它有点像中国绘画里的展开式的散点透视绘画”。虽然《史记》的这种传统后来并没有被延续下来，但是不管怎样，《史记》仍旧是我们中国最伟大的历史著作。

不讲道德的历史和讲感情的《史记》

要谈论项羽、刘邦的历史，一定要追溯到秦。因为项羽和刘邦都是起兵反秦的，所以要追溯真实的历史或功过是非，要从秦开始。

秦始皇建立的是郡县制。大家知道，在中国历史上，无论是思想史、文化史还是政治史，封建制和郡县制都是最重要的。因为他涉及将来几千年历史中，中央权和地方权、皇权和神权之间的冲突。秦始皇是希望做到李斯所说的“政令出于伊”，每个阶层的人、每个职能的人都各司其职，整个帝国是有秩序的，最好是经济一体化，就是“车同轨”；文化都认同，就是“行同伦”；传播要畅通，就是“书同文”。孔子创立儒家学说，其依据实际上是过去的贵族、诸侯。孔子之后，孟子非常强调君臣的关系，但他基本上也要保持诸侯的分封制。因此，秦始皇建立郡县制，孔子的后代就非常反感，连孔子的后裔都抱着利器加入到陈胜、吴广的队伍里面去了。儒家喜欢的是西周、东周的分封制，觉得应该是亲亲尊尊的共同体国家，而不是这种大一统的专制的国家。西汉早期的读书人大都不喜欢秦始皇这种集权政策，更何况他以法为师，而不是以儒为师，因为这大大降低了儒家的地位。

司马迁对于分封制是非常赞成的，否则他不会写《三十世家》。此外，《史记》采用以人为传的结构，五种体例中有三种是讲人的：第一种“本纪”，记天下的帝王；第二种“世家”，记世代的诸侯；第三种“列传”，记各种了不起的人物。这也再次证明司马迁对分封制是有好感的。项羽打败了秦朝以后就大搞分封，并在彭城自封为西楚霸王。然而，“成也项羽，败也项羽”，“成”在于他分封了诸侯，“败”在于他最后被各诸侯杀掉了。而刘邦的心里却跟秦始皇一样，也想做一统江山的君主，但他起兵时用了很多诸侯的力量，因此在汉初的时候不得不去分封。后来，刘家就只是分封刘氏同姓王，没有异姓王了。司马迁很不赞成这一做法，所以他对刘邦评价很低。因为在政治上，他心里面自然是倾向项羽的做法。

真正的历史是不讲道理、不讲道德的，而《史记》偏偏是讲感情的，这里面就有冲突。刚才我说项羽的分封是苦果自己吃，封了那么多诸侯，后来分封的诸侯被刘邦收买，最终打败了项羽。项羽的失败表面上看起来是分封制的失败，但是，司马迁并不那么认为。我想，正是因为司马迁对刘邦和项羽有不同的政治感想，所以他对项羽和刘邦的记载就很不一样。《史记》里面讲项羽是一个英雄，“身长八尺二寸，力能扛鼎，气可拔山”。可是，记载开国君主刘邦则是“为泗水亭长”，亭长是最小的官，跟我们的村长差不多，而且自小好吃懒做，“不事家人生产作业”，“好酒及色”，及至弱冠之年，仍不改恶习。大家都知道“破釜沉舟”的故事讲的是项羽，而刘邦呢？楚汉相争之时，刘邦兵败彭城，惶惶然逃命之际，嫌车上负载过重行驰太慢，竟将两个年幼的子女推下车去。后来项羽将刘邦的父亲拿至军中，欲烹杀以要挟刘邦，刘邦竟说：“吾翁即若翁，必欲烹而翁，则幸分我一杯羹。”这里刘邦看准了项羽有妇人之仁。可见，司马迁要记载历史，但感情色彩又难以抑制地表现出来，所以司马迁总要记载刘邦是一个什么样的人，刘邦在讲感情的《史记》里面是一个反面形象，是一个多少被贬斥的人物。也正是因为《史记》的记载，大家也都接受了这种带有感情色彩的追忆，从而出现了种种对刘邦的讽刺性作品。

毕竟，司马迁是一位历史学家，在不讲感情和道德的历史里面，他又要记载整个事情的必然性过程。所以，他也承认“成则王侯，败则寇”的道理，历史是无情的，历史就是这样。

那么，当回忆出来的历史，再度遭遇文学想象，那会是什么样子？古代描写楚汉之争的文学作品非常多，最有名的如杜牧的《题乌江亭》：“胜败兵家事不期，包羞忍耻是男儿。江东子弟多才俊，卷土重来未可知。”这个是一个正面的作品，接受了司马迁的说法，就是说你是一个英雄，可惜你没有渡江；你如果渡江，也许可以卷土重来。但是王安石的《叠题乌江亭》却是反着来的，他说：“百战疲劳壮士哀，中原一败势难回。江东弟子今虽在，肯为君王卷土来？”就是说你天天打仗，战士们都很疲累，虽然还有江东子弟，至于能不能为你打仗还是一回事呢。当然，下面李清照的这首诗就更有名了，她说："身当做人杰，死亦为鬼雄。至今思项羽，不肯过江东。"

此后几百年，项羽在南方一直被人们祭祀。根据各种各样的记载，他在江南的历史和社会里面，曾经有非常大的影响，当南方士族对北方的政治权力有所反感的时候，项羽经常会被拿出来。日本有一个叫宫川上治的学者，专门写过一篇讲项羽神崇拜的文章。他认为项羽神的崇拜中包含着极为复杂的政治因素，就是南方力量对北方力量的一种想象的抵抗。比如说，在《史书》里面记载说，浙江、江苏这些地方有很多项羽的庙，很多地方也都有项羽显灵的故事。尽管唐代狄仁杰清理江南名寺时，仅仅留下伍子胥等四个庙。但是，一直到颜真卿的时候，江南还是在祭祀项羽，这个祭祀一直延续到宋代。在浙江吴兴，甚至还存在着当郡守不在家的时候，项羽化为郡守来管理政事的故事。一种地方性的祭祀、地方性的崇拜，不一定能一下子被大一统王朝的统一性所消亡。所以一直到现在，很多人对项羽还有好感。如果按照严格的历史评价，项羽可能代表着一种保守力量。但是，实际上人们还是在文学中延续着司马迁回忆的那种感情因素。

可见，司马迁对项羽的描述用了很多文学的笔法，首先是因为司马迁对项羽有自己的态度和感情；其次，司马迁对项羽有一个神人的想象，认为他是伟大人物舜的再生；再次，司马迁非常赞同项羽的分封制。

最后，关于电影《霸王别姬》，它实际上包含着非常复杂的因素。历史变成传说，传说变成文学，文学再进入戏剧，然后再进入电影，它是在不断衍生、不断变化的。在这个不断衍生和变化的时间序列里面，当今的一些历史思索和社会关怀，也一并被倒卷帘式地卷入到古代故事里去了。陈凯歌的电影《霸王别姬》实际上已经不再是古代的项羽和虞姬的故事，他把这个古代故事演绎到了一个极致。站在历史的延长线上，他要表现人对当时的社会和人的命运的一个体验和感想。现在很流行的一个理论就是所谓"东方主义的理论"，我们通过《霸王别姬》塑造了一个洋人喜欢的中国古代故事。

| 问 | 真实的历史是可以把握的吗？如果可以，我们应该如何把握？

| 答 | 这涉及历史学里最让人头疼的理论问题。其实，我个人不太赞成后现代历史学；后现代历史学认为，“历史是一种移动的散文写作”。在司马迁时代，历史和文学还没有分家，所以他掺入很多回忆的东西。应该承认在那个时候，在那个历史环境里，司马迁的那种方法，我们认为它是合理的，也是必然的。但是在《汉书》以后，当历史学逐渐把自己的目光定为转向追求真实和客观的时候，就出现了一个你刚才问的问题，就是说你怎样回溯和寻找到真实的历史，这确实是一个很难的问题。在我看来，要完全恢复真实的历史是不可能的。但是，由于历史学逐渐以追求客观和真实为目标，利用各种各样分析、考证的手段来回溯真实历史，因而它是在不断地逼近真实历史的过程中。

但是，我也并不赞同后现代历史学认为的“历史永远是虚构的”。因为历史学跟文学的最大一个区别，就在于它的描述受到历史资料最大程度的限制。历史学有边界，而文学是没有边界的。实际上，我们是隔了一层玻璃在看历史，如果忽略掉这层玻璃，那么也许走过去的时候就碰到玻璃撞上墙了。但是，如果说我看到的都是在演戏，那也不对。因为资料告诉我们只能这样，我们不能说有一个虞姬在那儿唱歌然后拔剑自刎。所以，它还是受到了《史记》记载的限制。因此，就存在这个差别，一个是有边界的，一个是没边界的；一个是有意识地追求客观和真实，一个是无所谓真实和客观。

| 问 | 您怎么看待中国的国学？

| 答 | 实际上“国学”是在中国“国将不国”的时候出现的一个词，更确切地说是在晚清以后出现的。因此，我向来不认为传统文化跟国学之间可以划上等号。如果真有国学的话，应该是按照胡适的说法即整理国库之学，而不是弘扬国粹之学。所以，我是觉得：第一，国学讲到

底，它无非就是整理传统学术知识的一门学问；第二，所谓国学实际上掺入了太多的近代学术和西洋学术。我们很多人把国学误认为就是我们传统的中国哲学，这其实是一个很荒唐的事。尽管我不愿意去否认弘扬国学的意义，但是，我个人是不赞成去提国学的。一方面它的概念不准确，另一方面它也会引发民族主义的一种嫌疑，这将是很麻烦的事情。

| 问 | 您如何看待历史和政治之间的问题？

| 答 | 其实历史永远避免不了政治，因为历史学家在写历史的时候，他很明确地要寻求一种认同。虽然过度意识形态化的政治，有时候确实会使历史变成附庸，变成一种工具。可是，有时候我们也可以看到相反的情况，历史对过度意识形态化的政治进行挑战和批评。所以，尽管历史不能够完全离开政治，但并不完全表示它在政治控制下是没有用的，有时候历史会影响到政治。比如说宋代，宋代理学家做的一件最重要的事情，就是虚构或者构建了一个儒家的历史，来对抗政权的历史，他们觉得这个才是真正的中国的光荣所在。因此，政治和历史永远是分不开的。但是，分不开并不见得就会对历史造成那么大的损害。

其实，文学也是一样，你说文学它离不开政治吗？未必！我从事这一行30年来，跟着学术界的浪潮一直走过来，我看到的小说，看到的诗歌，政治性都很强。它们都在瓦解一种政治，或者说用一种反政治的方式谈论政治。所以，这个是很正常的。像我们去看诺贝尔奖获得者，几乎都是文学史的，都是文学政治，所以说文学、历史、政治不分家。

精神境界与审美人生

叶　朗

叶　朗　1938 年生，浙江衢州人。北京大学哲学系教授，北京大学艺术学院院长、文化产业研究院院卡、美学与美育研究中心主任，曾同时兼任北大哲学系、艺术学系和宗教学系的系主任。1960 年毕业于北京大学哲学系，主要研究领域为美学原理、中国美学和中国艺术，著有《美学原理》、《中国美学史大纲》、《中国小说美学》、《现代美学体系》等。

我今天要谈的是“人生境界”的问题。

在谈这个问题之前，我想从一个更根本的问题来开始这个讲座。这个问题就是：我国大学教育应该引导大学生有一种更高的精神追求。过去有一种提法，说大学的作用就是传授知识，研究高科技，为市场经济服务，由此来考量大学的发展和教师队伍的建设。这种提法显然是片面的。我认为，大学不仅要传授知识和学习技术，更重要的是要教育学生，使他们有更高的精神追求，引导学生去追求一种更有意义和更有价值的人生，使他们拓宽自己的胸襟、涵养自己的气质，不断提升自己的人生境界。

什么是人生境界

“境界”从广义看，就是“人生境界”或者“精神境界”，是一个人的人生态度，是浓缩一个人的过去、现在和未来而形成的精神世界的整体。一个人的境界就是一个人的人生意义和价值。

“境界”这个概念有几种不同的含义。最早的“境界”是国土的意思。到了中国文化的环境当中，“境界”这个概念，一般分为三种：一是指学问、事业的阶段、品位；二是指审美对象，也就是我们所说的审美意向；三是指人的精神境界、心灵境界，也就是我们所说的人生境界，今天讲的“境界”就是这个含义。

人生境界的问题，是中国传统哲学中十分重要的一个问题。冯友兰先生认为：人生境界的学说是中国传统哲学中最有价值的内容。冯先生在他的很多著作中，对人生境界问题进行了详细的讨论。冯先生说，从表面上看，世界上的人是共有一个世界，但是实际上每个人的世界并不相同，因为世界对每个人的意义不相同。人和动物不同，人对于宇宙人生可以有所了解，同时，人在做某一件事情的时候可以知觉到自己在做某一件事，这是人和动物不同的地方，也就是人的生活是一种有觉解的生活。

宇宙间的事物，本来是没有意义的，但有了人的觉解就有意义了。宋代理学家朱熹，引用一句诗说“天不生仲尼，万古长如夜”，这句诗中的孔子，可以作为人的代表，意思就是说：没有人的宇宙，只是一个浑沌，一个无明的宇宙；对每一个人来说，对宇宙人生的觉解不同，宇宙人生对于他的意义也不同，这种宇宙人生的意义也就构成了每一个人不同的境界。

不同的人可以做相同的事，但是根据不同程度的理解和知觉，这件事对于他们可以有不同的意义。冯先生举例子说：两个人同时去游一座名山，一个是地质学家，他在山里面看到的是某种地质构造；另外一个是历史学家，他在这个山里头看到的是某些历史的遗迹。因此，同样是一座山，对这两个人的意义是不同的。

北大哲学系的张世英先生在他的著作里也用了很大的篇幅来讨论人生境界的问题。张先生用王阳明的“人心一点灵明”来说明人生境界。张先生说，人和动物的不同之处在于人有这一点灵明，正是这点灵明，照亮了人生活的世界，于是，世界有了意义，境界就是一个人的灵明所照亮的有意义的世界，而动物没有自己的世界。张先生的这个说法和冯先生的说法非常相似，但是张先生关于境界的论述也有一些和冯先生不同，我觉得至少有三点：

第一，冯先生说的境界，完全是理性层面的东西。而张先生所说的境界，并不限于主观的觉解，他认为，每个人的境界都是由天地万物的无穷关联形成的，这些关联是每一个人形成自己境界的客观因素。所以他认为：境界乃是个人在一定的历史时代条件下、一定的文化背景下、一定的社会体制下，在某些个人的具体遭遇下，所长期沉积铸造起来的一种生活心态和生活方式；也可以说，境界是无穷的客观关联的内在化，这种内在化的东西，又指引着一个人的各种社会行为的选择，包括他爱好的风格等。从张先生的论述可以看出，他理解的境界，是人精神世界的整体，并不限于理性的层面。同时，他比较重视人的精神境界和生活世界的联系。

第二，张先生认为，从时间的角度看，境界是个交叉点，是一个由过去、未来构成的现在，现实的现在；或者说是一个过去、现在、未来的整体，是每一个人所拥有的自己的世界。一个人的过去，包括他个人的经历、思想、感情、欲望、爱好，乃至于环境、自身，等等，都积淀在他的这种现在之中，构成现在的境界，从而也可以说构成他现在整个的一个人。他对未来的种种向往、筹划、志向、志趣、盘算，等等，通俗点说，就是他对未来想些什么，也都构成现在整个的一个人。

第三，张先生认为，境界对一个人的生活有一种指引导向的作用。境界指引着每一个人的生活和实践，一个只有低级境界的人，必然过着低级趣味的生活；一个有着诗意境界的人，则过着诗意的生活。

张先生对精神境界的论述，可以看做对冯先生论述的一种补充，把他们的论述进行融合，可以得出一个比较全面的看法："境界"就是"人生境界"或者"精神境界"，是一个人的人生态度，包括冯先生说的觉解，对宇宙人的了解和对自己行为的自觉；也包括张先生说的感情、欲望、志趣、爱好、向往、追求，等等，是浓缩一个人的过去、现在和未来而形成的精神世界的整体。

一个人的境界就是一个人的人生意义和价值。一个人的精神境界，表现在他内在的心理状态，中国古人称之为胸襟、怀抱、胸怀，当代的法国社会学家称之为"生成心态"。一个人的精神境界，表现为他外在的言谈笑貌、举止态度和生活方式，古人称之为气象、格局，又称之为"生活风格"。胸襟、气象、格局，作为人的精神世界，好像是虚的，是看不见、摸不着的，实际上它是一种客观存在，是别人能够感觉到的。

人生境界的品位

冯先生把人生境界分为四个品位：自然境界、功利境界、道德境界、天地境界。不同境界的人，宇宙人生对于他们的意义是不一样的。

最低的境界是自然境界，处在这种境界中的人，按照习惯做事，并不清楚所做事情的意义；他们也可能做出一些大的事业，但是做这些大事业的时候，仍然不知道自己做事情的意义。

比这个高一层的是功利境界，处在这种境界的人，他的一些行为都是为自己的利益，对于这一点是自觉的，他可以积极奋斗，也可以做有利于他人的事，甚至可以牺牲自己，但目的都是为了自己的利益。

比功利境界再高一层的是道德境界，处在这个境界的人，他的一些行为是为了行义，即为了求社会的利益。因为这种人有一种觉解，认为人是社会的一部分，只有在社会中，个人才能实现自己发展自己。比较而言，功利境界的人是求个人的利益；道德境界的人则是求社会的利益。功利境界的人行为是以占有为目的；道德境界的人行为是以贡献为目的。功利境界的人，他的行为目的是“取”，即便有时“予”，目的还是为了“取”；道德境界的人，他的行为目的是“予”，即便有时“取”，目的也是为了“予”。

最高的境界是天地境界，处在这种境界的人，一切行为的目的都是侍天，因为他有一种最高的觉解：人不但是社会的一部分，而且是宇宙的一部分，因此，人不但应对社会有贡献，也应对宇宙有贡献。这就是知天。知天是因为能够侍天，知天所以能够乐天、同天。乐天，就是所见所行对于他总是有一种新的意义，所以有一种快乐，这是一种最高的精神愉悦。同天，就是自同于宇宙天地，消解了“我”和“非我”的分别。

这四种境界从等级或者品位来讲，是一种辩证的发展。冯友兰先生认为，因为境界的高低，不同的境界在宇宙间有不同的地位；具有不同境界的人，在宇宙间也有不同的地位。从表面上看，世界对任何人都是一样的，但实际上，每一个人所享受到的世界的大小是不一样的，境界高的人实际享受到的世界比较大，境界低的人实际享受到的比较小，因为一个人所能实际享受的世界，必定是他所能够感觉和了解到的世界。

冯先生对人生境界的区分是一种大的分类，实际上人生境界可以作更细的区分。比如功利境界，处在这个境界中的人，情况也是千差万别，可以分出不同的等级和品位。同样，处在道德境界中的人也可以作更细的区分。而就某一个人来说，这种人生境界的区分也不是绝对的；也就是说，一个人的人生境界可以既有功利的成分，也可以有道德的成分，不一定是纯粹的功利境界，或者纯粹的道德境界。冯先生说的最高境界是天地境界，是消解了“我”和“非我”的境界，是天人合一、万物一体的境界，这个在我看来，就是一种超越了自我有限性的审美境界。

人生境界体现于人生的各个层面。一个人的人生可以分成三个层面：日常生活层面、工作事业层面、审美诗意层面。

前两个层面是功利的，后一个层面是超功利的。虽然人生要做一番事业，但是人生还要有一种诗意。人生的概念和工作事业的概念不相等，人生不等于事业，除了事业之外，人生还应该有审美诗意这个层面。现代社会的特点是工作压力非常大，竞争十分激烈，人们忙忙碌碌，往往把审美活动忽略了，或者看成是没有意义的，这是不对的。审美活动尽管没有直接的功利性，但却是人生必需的，没有审美活动的人不是真正意义上的人，而这样的人生是有缺憾的。

人生的三个层面应该有一个恰当的安排和比例。人不能把日常生活层面搞得太膨胀，把工作事业也挤掉，把审美诗意也挤掉，整天想着柴米油盐，或者整天和朋友一起吃吃喝喝；人也不能把工作事业层面搞得太膨胀，整天忙忙碌碌，生活毫无诗意，这样的人生也不是完美的人生；当然，一个人也不能把审美诗意层面搞得过于膨胀，把日常生活层面、工作事业层面都挤掉。

人生的这三个层面可以互相渗透、转化。日常生活的衣食住行在一定的条件下可以具有审美的意味，工作事业层面在一定条件下也可以升华成为审美诗意层面。很多大科学家，他们在科学研究中感受到宇宙的崇高，从而得到一种审美的享受，这就是从工作事业层面，升华到了审美诗意层面。反过来，审美活动可以拓宽人的胸襟，因此，也可以有助于一个人的事业成功，从这个意义上也可以说审美诗意层面转化成了工作事业层面。

一个人的工作和事业最能反映胸襟和气象。冯友兰先生在90多岁高龄时，依然在写《中国哲学史新编》，他的眼睛不行了，想要翻书找新材料已经不可能，但是，他可以从以前掌握的材料中，发现新的问题，产生新的理解。他说："我好像一头老黄牛懒洋洋地躺在那里，把已经吃到胃里的草料再吐出来，细嚼慢咽，不仅津津有味而且其乐无穷。"古人所谓的"乐道"大概就是这个意思吧！冯先生所说的"乐道"就是精神的追求、精神的愉悦、精神的享受，就是对个体生命有限存在和有限意义的超越，就是对人生意义和人生价值的不懈追求，这就是一种人生境界的体现。

追求审美的人生

一个人有什么样的人生境界，就有什么样的人生态度和人生追求，或者说具有什么样的深层心态和风格。一个有最高人生境界的人必然追求审美的人生；反过来，如果一个人在自己的生活实践中能够有意识地追求审美的人生，那么，他同时也在向最高的层面提升自己的人生境界。

审美的人生就是跳出自我，跳出主客二分的界限，用审美的眼光和审美的心胸看待世界，照亮万物一体的生活世界，体验无限的意味和情趣，从而享受当下，回到人的精神家园。简单而言，审美的人生就是诗意的人生、创造的人生、爱的人生。

诗意的人生，是回到人生活的世界。生活世界是人最基本的经验世界，是最本原的世界，在这个世界中，人和万物之间并没有间隔，而是融为一体，也就是中国美学、中国哲学当中所说的“自然”。在这样的世界中，人生是充满诗意的，这是人的精神家园。但是在世俗生活中，人又习惯于用主客两方面的眼光看待世界，世界上一切事物对于我们来说都是认识的对象，或者说利用的对象，人和人之间，人和万物之间就有着间隔，人就被局限在自我的、有限的天地之中，好像关进了一个牢笼。用陶渊明的话来说，就是“落入尘网”；用日本哲学家的话就是，“从根本上割裂主观与客观的自我，永远地摇荡在万丈深渊里，找不到立足之处”。德国哲学家马丁·布伯把人生分为两种，一种是“我你的人生”，一种是“我他的人生”。后者被称为“被使用的世界”，把世界一切作为“我”认识、利用的对象，都是满足“我”的利益、需要、欲求、欲望的工具；而“我你的人生”，是超越主客二分的人生，是诗意的人生，是当下的人生。有时我们会听到有人说“活着没有意思”，可能有很多原因，但是，普遍情况下是由于功利的眼光和逻辑的眼光，遮蔽了有意义、有情趣的世界，从而丧失了当下；而审美活动却能去掉这种遮蔽，照亮本来的世界，正如清代的哲学家说的“显现真实”，世界的一切都变得那么有灵性，可以息息相通，充满了不可言说的诗意。马斯洛在谈到自我实现的人时说：“自我实现的人有一个特点就是更有情趣，更能感受世界之美，他们能够从生活中得到更多的东西，他们带着一种敬畏、兴奋、好奇甚至狂喜来体验人生。”对于自我实现者，每一次日落都像第一次看见时那么美妙，每一朵花都令人喜爱不已，这相当于中国古人所说的“乐生”。一个人能够乐生，享受人生，那么对于他来说，就把握了现在，世界上一些事物的利益和价值就不一样了，他的人生就成了诗意的人生，而这样的人生充满了意义和价值。

创造的人生，也就是“生生不息”创造的人生，就是生而又生，创造再创造。一个人的人生最重要的就是生命和创造，创造的人生才是有意义的人生，才是审美的人生。因为人在审美活动中，总是充满着生命的活力和创造的追求。朱光潜先生在“文革”时，被当做反动学术权威受到批斗，但是“文革”结束后不到三年，朱先生就把三大本黑格尔的《美学》全部翻译出来，还有歌德的《谈话录》等，加在一起有120万字。这个时候的朱先生已经是80岁高龄了，这是何等惊人的生命力和创造力！这种生命力和创造力是和他的人生境界联系在一起的。马斯洛曾说过，绝大多数人都一定有可能，比现实中的自己更伟大，我们都有未被利用或发展不充分的潜力。大多数人的确回避了自身的天职、使命、人生的任务等，从来不想尝试超越自己可能性的局限；但有的人却是基于自己一倍的效率在生活，他们是在最高的极限上生活着，这就是马斯洛所说的自我实现的人。马斯洛说创造性和自我实现是同一语，创造性和充分的人性也是同一语，自我实现就是发展自己的天资、能力、潜能，这样的人几乎竭尽所能，使自己趋于完美，他们已经走到或者正在走向自己力所能及的高度。

爱的人生，是由诗意的人生和创造的人生带来的。一个人的人生充满了诗意和创造，一定会给他带来无限的喜悦，使他热爱人生，为人生如此美好而感恩，并因此提升自己的人生境界，也就是爱的人生。日本有一位画家说过，“花开花落方显出生命刹那的辉煌”。爱花、赏花，说明人对花无限珍惜。不光是花，哪怕是对一棵无名的小草也是这样。自然的美、生命的辉煌，激起人们对人生的爱，这种对人生的爱必然和感恩的心情结合在一起。马斯洛说，高峰体验会带来一种感恩的心情，就像那些信徒对上帝的感恩，就像普通人对曾经帮助过自己的人的感恩。这种感恩之情，常常表现为拥抱一切的胸怀，表现为对每一个人和世界万事万物的爱，使人产生一种世界何等美好的感悟，导致一种为这个世界行善的冲动及由此产生的崇高的责任感。审美活动使人感到人生的美好，产生一种感恩的心情，从而激励自己去追求高尚纯洁的精神境界，这样的人生当然也包括男女之间的爱情。爱情、情爱和性爱，作为一种审美体验使人惊喜、倾慕、敬畏，并且产生一种类似伟大音乐所激起的感恩心情。这些都告诉我们，审美的人生是爱的人生，是感恩的人生，是激励自己追求高尚情操和完美的精神境界的人生。

总之，追求审美的人生，就是追求诗意的人生、追求创造的人生、追求爱的人生。人们在追求审美人生的过程中，同时不断地拓宽自己的胸襟、涵养自己的气象，不断提升自己的人生境界，不断提升人生的意义和价值，最后达到最高的人生境界，也就是审美的境界。

|问|如您所说，人生要有一个境界，然后由这个境界导向一种有价值、有意义的人生，请问什么是有价值、有意义的人生，其评判标准是什么？

|答| 价值和意义的问题是由一个历史、时代、阶级的标准决定的。比如说，在过去的旧社会，战俘死了，他的妻子应该自杀，在当时的社会上这就是有意义的，但在今天看来不是。但是，价值虽有历史、时代、阶级的差异，也有一些共同不变的标准，比如说关爱他人、追求和平等，这些都是千古不变的东西。当个人的价值观和社会的价值观、他人的价值观发生矛盾时，这一问题会更加突出。刚才讲到境界分为四种：第一个自然境界；第二个是功利境界；第三个道德境界；第四个天地境界。这种说法既有历史、时代、阶级的不同，又有共同的东西，这都是需要具体分析的。但是，过去强调历史、时代、阶级的差异比较多，现在更应该关注一下人类普遍的东西，比如说，关爱他人，为了关爱他人可以牺牲自己，这是一种崇高灵魂的美，是一种普遍的价值观，中国和外国都是这样。至于具体哪一件事情应该怎么做，我们要具体分析。

哲学与人生

——来自斯宾诺沙与费希特的启迪

洪汉鼎

洪汉鼎 1938年生，江苏无锡人。北京社会科学院哲学所研究员，山东大学中国诠释学研究中心主任，国际斯宾诺莎学会理事。1956年考入北京大学哲学系，师从贺麟、洪谦和冯友兰教授，1983年赴德进修，1991年荣获德国杜塞尔多夫大学名誉哲学博士学位。主要研究西方哲学史、分析哲学和诠释学，著有《斯宾诺莎哲学研究》、《当代西方分析哲学》、《理解的真理》、《诠释学史》等，译有《真理与方法》等。

今天，我要讲的题目是“哲学与人生”。我将举斯宾诺莎和费希特两个人的例子，同时结合我个人的人生经历，来和大家谈谈哲学与人生的关系。

从专业的问题到哲学的问题

简单地说，人生有两个问题，第一个问题是：你想学什么学科，你想学什么专业？我们到大学里来，很多人都会问这样的问题。但这个问题只是停留在表面上，更深层次的是哲学的提问，也就是第二个问题：你想造就自己成为什么样的人？从专业问题上升到哲学问题，这不是一个简单的过程。

以我自己为例。我是无锡人，无锡有个辅仁中学，培养出了很多人才，比如钱伟长、钱钟书等。辅仁中学是一个教会学校，我们的校长夫人是从美国回来的，里面的老师大部分又都是苏州东吴大学的老教授，所以我们的英文水平相当高。我从初三开始就接触西方的文学，从古希腊到19世纪英国、法国的有名小说。我每个礼拜都会去图书馆阅读，受益匪浅，有时也会看一点哲学的书。但是，我当时并没有体会到知识的求索，只是感到求索就是知识，好像只要看一本书就获得了一个知识。

1956年，我考到北大以后，认识了我的老师贺麟先生。我们现在看的很多黑格尔的书都是贺先生翻译的，他还是第一代新儒家的代表人物。记得我当时去找他的时候，他总是告诉我知识求索和德性培养的关系。他感觉我脑子里总是在追求知识，而忘了问德性。他说，知识是外在的，外在的东西你可以学到；但是，德性的培养是内在的，内在的东西是学不到的，需要我们在实践过程当中去抓住它。那时我在读斯宾诺莎，他就问我：你读斯宾诺莎对你人生有什么启发？你的想法有什么改变？我总是说这个人认识怎么样怎么样，这样来回答他。他就提醒我：要注意德性的培养。我们老一辈的哲学家就是这样教育学生的。大家可能知道，中国哲学把知识分两种：文献知识和哲学知识。文献知识也就是自然科学的知识，他们不看重这个，他们看中的是理义。最有名的是朱熹和陆象山辩论什么叫“道问学”，什么叫“尊德性”，知识不是通过一个工艺的学习就可以拿过来的，尊德性是对我们知识的体会。

我有一个很深的感触：学哲学不像学物理、化学，更重要的是我要造就自己成为什么样的人。过去我们说，认识就是代表对一个对象的认识，比如说对房子的理解，或者对一本书的理解，是对一个客观东西的理解，这样就错了。什么是真正的理解呢？海德格尔说，理解就是对你的将来和所向进行筹划。他用了一个概念，“此在”，即德文Dasein。存在本身是“人在”，因为存在是很普遍、很抽象的，但我们每一个人都是具体的存在，每一人的存在叫“Dasein”，就是说它是很具体地存在着。概言之，“此在”是一种“人在”，“人在”就是指人的一种可能性，因此，我们的知识、理解就要朝着某一个方向的发展和所在进行筹划。这就是我说的德性知识。

哲学家的“动”与“静”

我要讲的第二点是动和静的问题，先向大家介绍两位哲学家。

第一位叫斯宾诺莎，荷兰的犹太哲学家，他的哲学体系是要人们超出自我，从全宇宙的视角来看待世界。世界有条不紊地运转着，我们对任何事物的理解都必须依托于整体来进行。斯宾诺莎认为世界上的所有东西的是相互联系的，假如世界上的东西没有联系，那么世界就失去了生机，所以世界上的所有东西都有一个“磁力”在牵引。事物之间的联系使世界构成了一个整体，而这个整体的构成又是必然的。所以，任何事件都是必然，有人可能会问，有没有偶然事件呢？斯宾诺莎认为我们今天发生的事看似偶然，实际上只不过是必然的交叉，因此归根结底还是必然的。比如说，台湾台中有一座桥突然断了，把正好经过那里的一个教授的腰扭了，这看起来是一个偶然事件。但是，这个教授出去上课经过那座桥是必然的，而桥在某一时间断掉也是必然的，两个必然交叉在一起还是必然的。斯宾诺莎就是这样看待世界的，我们平时所说的悲欢离合，在他看来都不用去悲伤，因为整个世界都是必然的状态。

曾经获得诺贝尔文学奖的哲学家罗素写过一本书，里面讲世界上发生的任何事件都是无限发展中必然的一环，人生的任何不幸也都不过如此。宇宙的必然给人造成了许多不幸，这就需要救治，这也就是斯宾诺莎的观点，他的观点和人生是有关的。斯宾诺莎是犹太人，他本来在西班牙，却因为追求真理、不相信犹太教而被犹太教开除。他们对斯宾诺莎的处分是不允许他工作，并且规定任何人都要距离他两米之外。在这种情况下，斯宾诺莎只能去当时比较开放的荷兰，以磨制镜片为生。就是在这样悲惨的生活中，斯宾诺莎写作了《伦理学》。斯宾诺莎认为这种生活是必然的，他并不为之感到痛苦。

第二个哲学家是德国的费希特。与斯宾诺莎把人、动物都看成一个整体不同，费希特把人看做是世界的主体，动物这些外在世界的东西都是围绕着主体的非主体，是主体自由活动的妨碍。所以，主体必须克服妨碍，不断地跟外在世界进行斗争才能取得生存。这种不同于斯宾诺莎的积极进取的人生，也和费希特的生活有关。费希特出生在18世纪德国的一个贫困农村家庭，他是家里长子，有9个弟弟妹妹，家里不可能资助他读书。但是费希特从小就很聪明，他们家乡有一个教堂，一个大地主每个星期都来做礼拜，有一次错过了礼拜，牧师告诉他费希特可以把自己所讲的背下来，这让这个地主很惊奇，于是费希特就在这个地主的资助下完成了学业。费希特大学快毕业时，地主去世了，他就去做了家庭教师，这在当时是份相当于佣人的低贱工作。后来爆发了法国大革命，费希特发表了《告欧洲军人书》，这本书引起了歌德的注意，歌德推荐他做了耶拿大学的教授。

费希特在耶拿大学讲自我与非我，告诉大家要不断奋斗，他的课很受欢迎，来听课的学生很多，教室里坐不下，他就改到教堂去上课。但是这遭到了教堂的反对，因为费希特讲的是无神论。他们把费希特告到了魏玛教育部，当时的教育大臣正好是歌德，歌德想息事宁人，告诉费希特不要在教堂讲无神论。费希特不愿意屈从，最后被取消了教授资格。后来他去了柏林，在拿破仑的占领下宣传爱国主义，不久就因病去世了。

斯宾诺莎和费希特是人生是两种截然不同的人生，我总结他们两个的人生：一种是静的、客观的、自然的；另外一个是动的、主观的、人为的。前者是静、阴、柔，后者是动、阳、刚，这两种对立的人生经验从表面上看是矛盾的，但是，从人生的整个进程看来，这两种经验又是相辅相成的。因为人生不会是一帆风顺，我们总处在幸与不幸、顺与逆的不断交替的过程当中。当我们处于幸与顺的时候，我们要不断向外扩张自己、发展自己，刺激自己获得更大的能力，这时候天性畏缩、优柔寡断、碌碌无为就是最大的敌人；反之，当我们处于不幸与逆当中，我们要以外在的沉思和冷静的反思达到知天、知人、知己的境界。这就是动态和静态的人生经验，他们给了我很大的启发与帮助。我曾经在评斯宾诺莎的那本书前面写了个序，里面介绍了我自己在 1956 年以后的人生遭遇和对自己人生的思考。

1956 年的北大哲学系是相当好的，因为新中国成立前各个大学的哲学系全部取消，都集中到了北大哲学系，所以北大有中国最好的哲学教授。我那时经常去找老师请教问题，但是好景不长。1957 年，开始了“反右”斗争，我因为一味追求西方哲学被打成了右派，保留学籍去北京郊区劳动。这两年当中，我完全是靠斯宾诺莎的精神坚持下来的。我在无锡城市里长大，从来没去过农村。记得当时他们的玉米要“锄二遍”，就是等到玉米都长得一人高的时候，到玉米地里锄草。我们都赤膊去锄草，从玉米地出来时身上一道道红印，又出了很多的汗水，两者一融合，火辣辣的痛。我不会爬树，在农村秋天还要去爬树，爬上去之后，全身都在打颤，还要腾一只手去采摘果实。我当时就想，不过一死而已，这都是必然的。

就这样劳动两年后回到北京，继续学了 3 年，到了 1963 年，要分配工作了。因为我是摘帽汉，不给分配。正好当时第一届研究生招生，我心里就有一个精神：我要争取去考研究生。贺麟先生推荐我投考温锡增先生，他刚从英国回来，是研究希腊哲学的。我记得当时温先生用英语出题，我用英语回答得很好。考完之后，我去了温先生家，他告诉我：这次 20 多份试卷你的最好，一定能被录取。我把我的政治情况和温先生说了，他说：如果不能收你，我这届就不收研究生了。回来的路上，我眼泪一直在眼眶打转，后来，我没有被录取。15 年之后，我重新回到了社科院，温先生也在，他告诉我，“汉鼎，你当年的试卷我还保存着”，我也知道了温先生那年的确坚决没收研究生。

研究生考试结束后，我被分到了陕西省教育局，陕西省教育局又把我调到了咸阳专区文教局。到咸阳专区后，他们又把我分到了永寿县文教局。从1963年到1978年，我在陕西待了15年，在这段岁月中，有一种精神一直在支持着我，我对斯宾诺莎是带着自己的泪水和血汗去研究的，今天，我来跟大家讲这些东西，真的有很深的哲学意味。当我们比较顺利的时候，你一定要争取，社会有很多不公平，我们要像费希特一样坚持真理，哪怕教授资格没有了。而当我们处于逆境时，可以用斯宾诺莎的精神来涵养自己。我整个的人生经历就说明了哲学对人生的培养、对德性的培养是很重要的。哲学不是物理学、化学，它是对我们的人生产生意义的。现在，我们老一辈教授的那种生活已经过去了，可我还是能感受到他们晚年的许多不幸，但是他们的哲学依然留在我们的生活里。这就是我要讲的两种人生。

“京派”传统与“海派”传统

这里，我再补充一点“京派”的教育传统。大家知道，哲学系培养学生分“京派”和“海派”两种传统，“京派”的教育是很严格的。现在的学生和老师可以开玩笑，老师出错时，学生可以指正。但在过去是不行的。比如，熊十力的学生是要伺候老师的，要给他打洗脚水，夏天要扇扇子，万一做不好的话，老师会直接用扇把打学生。到我的老师贺麟先生这一代就不再像熊先生这样了，但他也有自己的门风，如果你是我这一派的，你的观点就必须服从我。我是20世纪70年代末中国第一批哲学硕士研究生，毕业答辩结束之后，在饭店举行了一次宴会，全国有名的教授都去了。那次宴会上，贺先生拿着一杯酒说：各位先生，这是我的学生洪先生。什么意思呢？意思就是说你们各位老师要照顾我的学生。后来我到各个地方或杂志社去的时候，他们都说“这是贺先生的学生”，这就是过去的门风。但是，贺先生做学问有两个原则：第一，注重德性培养，我在陕西很痛苦的时候就怀疑：我这样做了15年之后，我今后还能做什么。贺先生就批评我是“环境决定论”，觉得我没学好斯宾诺莎，缺少德性的培养；第二，经世致用，做学问要发挥它的作用。

此外，有一个方法要跟大家提一下，学哲学要从一点入手，不要一上来就走得相当广；当你的知识不断提升到最高程度的时候，就自然能得到发挥。这个原则非常适用于哲学。我就是专注于斯宾诺莎，一直专注了59年，这样别人就能看到你的成果。中山大学倪梁康教授也是这样不断提升的，他研究的是胡塞尔。再如北京大学的王太庆，他主要搞的就是笛卡儿，也很有名。所以，学哲学开始时不要太广，最好是从一点着手，深入到一定程度，自然会把握。

|问|您刚才讲偶然是必然交叉，这是一种很强的决定论。但是，我想问的是，在这种决定论的背景下，我们的自由意志在哪里？

|答|我们今天讲自由好像和必然是对立的，有了必然就没有自由，但斯宾诺莎理解的自由是对必然性的认识。后来马克思主义也有这方面的理论，比如说我们开车，开车首先必然服从交通规则，必然要按照规则做，否则就会闯祸，这就是必然对自由的理解。自由不是必然的对立，它是一种在对必然的认识之上而得到的一种自由，这是我解决的第一个问题。

|问|您刚才说要从小点入手挖掘下去，但是，我却发现从小点入手的话我的视野会很狭窄，没有什么创造性，您怎么看这个问题？

|答|往深入一点钻是不是就会没有想法呢？正好相反，你只有深入钻研，才能有永不放弃的思想。只有研究得深入，才能提出一些真正有价值的思想，才能创造。这个创造性不是说随意，它一定是在深刻研究的基础上，真正把握了研究的对象。我们今天说有一些书写得很好，但是真正有价值、有分量而且过了几十年以后还被人认为有价值去读的书其实并不是很多，我认为这些书就是深钻的结果。

当哲学照进现实

——关于当前社会重大事件的哲学思考

衣俊卿　韩水法　陈家琪　俞吾金

衣俊卿 1958年生，辽宁东港人。黑龙江大学哲学系教授、文化哲学研究中心主任，中共中央编译局局长。主要从事文化哲学研究，著有《理性向生活世界的回归》、《论实践的多重哲学内涵》等。

韩水法 1958年生，浙江余杭人。北京大学哲学系教授。主要从事德国哲学、政治哲学与宏观社会理论等领域的研究，著有《康德物自身学说研究》、《韦伯》等。

陈家琪 1947年生，陕西西安人。同济大学哲学系教授、政治哲学与法哲学研究所所长。主要从事政治哲学与法哲学、德国哲学等领域的研究，著有《经验之为经验》、《沉默的视野》等。

俞吾金 1948年生，浙江萧山人。复旦大学哲学系教授、现代哲学研究所所长。主要从事西方哲学研究，著有《生存的困惑：西方哲学文化史探要》、《文化密码破译》、《寻找新的价值坐标》等。

衣俊卿：用世界的语言进行国际对话，才能展示我们的文化

我研究的是 20 世纪西方资本主义的文化形态，另外还在做文化哲学的研究。根据今天的题目，我想从文化方面谈一点自己的想法。

2008 年，中国发生了几件重大的没有预警的突发事件，它们考验了我们国家很多东西，这需要我们从不同的方面进行思考，但是，我觉得最先考验的是我们平时说得比较多的文化软实力。这次中国对于这些大事件的处理，可以说在世界面前空前地展现了中国人的力量。应该说，我们在文化软势力的展示方面，已经有了很大的进步。但是，今天我想和大家探讨的另外一个问题就是：在全球化、信息化、网络化的时代，在任何一个本土的事件都可能演变为全球事件的情况下，我们能不能够更好地形成和提升我们的文化软实力？这可能是对包括哲学在内的很多学科提出的问题。

从这个角度来看，我认为在今年重大事件的处理中，我们比历史上很多时候都更好地利用、展示了我们的文化实力；但这也暴露出我们很多方面的弱点，比如在语言表达方式、价值判断方式等方面，我们可能更多地喜欢说自己的事情、自言自语、自说自话，不能很好地把我们所具有的力量融入到这个事件中来，不能用一种大家通用的语言来讲。

我举一个例子，现在我们知道全社会都在弘扬“抗震救灾精神”，这是我们价值观中很重要的一个核心内容。但是大家是否注意过我们是怎么表述这种精神的？我认真做了调查，发现无非就两种表述：第一种是把“抗震救灾”中凝聚的力量叫做“中国传统文化”，是中国传统文化在今天的历史条件下又得到了弘扬；另一个就是社会核心价值观。我不否认这两种表述，但是我们能不能用一种更大的方式来表述？是不是只有中国传统文化才关心社会的核心价值，才能凝聚一种组织力量？不是的，任何一个民族、任何一个国家在这点上是可以一致的。如果“抗震救灾”只是中国传统文化的弘扬，这就好像给世界一种感觉，以为只有中国传统文化才能赢得“抗震救灾”，所以，这样的表达方式可能并不适合国际范围的对话。不管是中国传统文化，还是其他

什么文化，这些的东西都不是自己说它好它就好的，关键是在对话和交流当中，能够有一种说服别人的力量。在这个世界，任何一个本土文化、本土精神、本土价值，只有同时和世界结合在一起，才能有一种生命力。

还有一个关于抗日战争的例子。为什么第二次世界大战中法西斯杀了600多万犹太人的事受到了全世界的关注？而在二战的远东战场日本杀了何止600万中国人！但我们经常强调的总是日本帝国主义对中华民族犯下罪恶，而不是说它首先是对人类犯下罪恶，这种罪恶是对人类生存本身的一种蔑视。犹太人正是没有仅仅局限于某一个民族，而是提升到整个人类上来讲这件事情的。而对我们的讲法，以世界的眼光来看，如果不了解情况，很有可能会理解为邻里之间、哥俩之间的冲突。当今的世界就是这样，自己的文化资源一定要张扬出去，但不能用自己的方言，一定要用一种世界语言来表达，这样才会有交往的可能。我们有很优质的文化资源，可是如果不能用较好的方式让世界接受它们，我们就不会取得很好的效益。

以上例子可以看出，当我们要向世界传达一些信息的时候，经常是在“出口返内销”，本来是想向其他人介绍，结果却使用只有自己听得懂的语言。在这个全球化的时代，中国已经不可避免地和世界融合在一起，也已经积累了很好的中国经验、中国方式，但如果不能从文化软实力的高度把中国经验在理论上形成一种通用语言、进入国际交流，不能在文化交流中提升价值，那么我们的文化还是处于一个弱势地位。我想2008年的重大突发事件，可能启示我们要在很多方面不断地改变、不断地学习。此次我们已经有所进步，可以全球直播地震救灾，赢得世界的好评，今后只要我们有心做，能学会从世界的角度看中国的问题、从中国的角度解决世界的问题，中国的文化软实力就会越来越强。

韩水法：从个人存在状态的观念出发

今天的题目是“当哲学照进现实——关于当前社会重大事件的哲学思考”，这些事件我们可以从不同的方面来看，因为无论哲学也好经济学也好，它们都是对人的行为从不同角度进行的研究，它们的对象都是人。关键的问题在于：我们对人应该从什么角度来研究？我是从个人的角度来考虑的。西方人和中国人的观念为什么有这么大的差别？因为对人的看法不一样。尽管在许多方面我们可以达成共识，但是在另一些事情上我们并没有一致的看法，这就涉及中国人和外国人在对自己存在方式的理解上的巨大的争议。

我想中国碰到这么多的问题，和人的存在方式有很大关系。中国人是以什么样的形式组织起来的？中国应该以什么样的形式组织起来？这是一个很大的问题。孙中山先生说过一句话："中国人是一盘散沙。"他就是有感于中国人是一盘散沙，所以才要来拯救中国、从事民主革命运动。后来，中国共产党也开始寻找新的组织人民的方法，比如改革开放，改革开放实际上就是关系到中国人民应该以一种什么样的方式重新组织起来的问题。诸位可能不知道以前的集体化人民公社，后来人民公社搞不下去才变成现在的包产到户，这就是组织方式的变革。

为什么奥运会其他人会对我们有这么大的成见？因为中国的组织方式和其他国家的不一样。比如以前北大是可以随便进出的，但奥运会开幕后每天都要拿证件进出；以前北大有很多餐馆，但是奥运会期间都搬掉了，很多工厂也关掉了。当然，奥运会增加了我们民族的自信心，可是这种组织方式使很多个人、社会团体受到了很大的损失，这样就产生了观念上的分歧，并且这种分歧一直影响到现在。这样的组织方式是有传统影响的，在这种组织方式下，每一个个体的地位经常会被虚拟的集体利益抹杀掉。同样，在这种组织方式下，如果每一个个体都可以提升，那么这也就意味着整个社会大环境是可以提升的。

为什么汶川大地震中的救灾抢险会改善我们的形象？因为我们把每一个个体、每一个生命都看做是最重要的、优于其他事情的。这样大家就可以看到，我们这个民族是重视个体生命的。但是在普通的问题上，我们是否还能做到这种地步呢？这里有一个观念的问题，我们看待一件事情有时候往往只看到结果，而没有看到前提。

再比如说大学，也涉及如何被组织起来的问题。美国是当之无愧的拥有世界上最好大学的国家，我们看到美国有那么多一流大学，于是我们就把大学合并起来、增加博士生的数量，从2007年开始中国的博士人数就已经远远超过美国，但是这样能够提高我们整个大学的水平吗？在我看来是很难的，我们的学习制度、学术制度依然落后。

大家或许会提出一个问题：个人的存在状态和金融危机又是什么关系呢？我们可以这样考虑，金融危机是不是根本地改变了世界经济的状况，或者说改变了西方的优势地位？这里我们需要看到，西方的人民是怎么结合起来的？他们的社会有什么基本的观念？这些都是哲学考虑的问题。哲学实际上很简单，它就是研究每一个个体的存在方式应该是怎么样的。很多复杂的事情，我们都要从这个问题开始考虑。

我最后再给大家讲一个简单的哲学史的故事。康德写过一个小册子叫《永久和平论》，他当时写这篇文章受到很多人的嘲笑，因为那时还没有统一的德国，那时的德国是300多个独立的小国家，整个欧洲大陆也是天天打仗，大家都觉得康德的设想根本不可能实现。但康德觉得问题很简单，他认为就应该有这种生存方式。200多年后，二战之后的欧洲人开始重新思考康德的文章，于是建立了欧盟，欧盟的哲学纲领就是康德的《永久和平论》。有时候我们可能只看到重大事件的表面，但我们可能更需要研究背后人的存在状态，这可以让我们把一些问题看得更清楚、更明白。

陈家琪：以利治利，尊重个体

北京的《新京报》有一个从1978年写到2008年的栏目，叫《三十年间的旅途》，让我给每一年选一两张照片。1978年是中国命运发生变革的一年，也是我个人命运发生变化的一年，那年我成为武汉大学的研究生。这30年间，我们国家发生了翻天覆地的变化，这些变化非常巨大，甚至巨大到让我们无所适从；也就是说，社会整个变化以后，我们的观念却没有跟上。有人把这种叫“市场经济”，有人说不是“市场经济”，还有人说是“中国式的市场经济”，不管怎么说，一个问题很明显地提出来了，这就是“利”。

在“文革”的时候，根本没有“利”可想，一切都是国家安排的，没有多少自己的利益可以去争取。现在的利益很现实、很具体，比如金钱、名誉、地位、住房、汽车等，一切都与利益有关。这样的变化发生以后，我们的意识、观念没有跟着变；或者说，我们还没有具有这样的观念系统，我们的意识形态、上层建筑、宣传、学校课本讲的话和社会的变化不相适用。大家在学校听到一些话，回到家里、走出校门、进入社会，听到的是另一些话、看到的是另一些词。

前不久，有一个“中华文化促进会”在杭州开会，我也去了。当时，大家也是对现实愤怒不满，提出了要讲义、不讲利，我在会上发了言，引用汉娜·阿伦特在《论革命》这本书里面反复提到的一句话，她说美国立国的时候想的问题是必须“以利衡利，而不是以欲衡利”，也就是说必须“以利衡利，以集权衡集权，以雄辩衡雄辩，以权利衡权利”。我认为我们应该是“以利治利”，而不是“以义治利”。“以义治利”讲道德、讲良心，这话我们一直在讲；“以利治利”这个利益可以讲很多，比如精神利益，尊严、自尊、面子也是利益，人在追求当中，不仅想要物质利益，还想获得满足。霍耐特有一本书叫《为承认而斗争》，认为人其实都是为获得“承认”而斗争的，我们都想获得别人的承认，要别人承认自己是一个能干的人、有用的人。

如果“利”不一定就是物质，那么《史记》讲“天下熙熙，皆为利来；天下攘攘，皆为利往”这样的“利”也就包括别人的承认。汶川地震发生后，四川大学的人给我讲了一些事情，他们说成百上千辆出租车在瓢泼大雨、山摇地动的时候一起开车赶去都江堰救人，没有一个交通警察、没有一个红绿灯，这里面有一个什么问题？我总想大力歌颂这种非组织的、自发的行动，因为这些行动是一个民族真正的力量所在，这样的行动不是出于物质的奖励而来的。当时大量的志愿者搭起锅灶，把家里的东西拿出来做饭给灾民吃，这些全都没有人去刻意组织。我认为社会组织说到底就是人发自内心的对自己力量的肯定与表现，所以，“以利治利”也包括人的精神追求、人格追求和尊严追求。尊严本身就是一种“利”，以前讲“大公无私”，“文革”就以此批判刘少奇的一句话“吃小亏占大便宜”，因为他说，如果你这个店一直坚持卖真货，你这个店一直很诚信，大家就会到你这里买东西，你的生意会越来越好，从小利来看你是吃亏的，但是从长远来看又占了大便宜。“文革”就说这是谬论，因为我们要的是大公无私，不要占便宜、不要谋利。

30 年来，我们的价值体系发生了巨大的变化，但是这种变化还在进行之中，并没有完成。所以，在杭州开的“中华文化促进会”上我就反复讲了组织价值问题。现在很多人写文章说组织价值取决于西方，说西方人的组织价值就是殖民，这是很严重的问题。那么，我们怎么和世界对话？怎么看我们的传统文化？在我们自己的价值秩序没有建立起来、我们的价值整体没有成形的时候，我们每个人要做什么？我们应该怎么表现自己的潜能、自己的才干？

我认为网络提供了这样的前景。前两天我看到中央电视台邀请了几个人讨论网络上“人肉搜索”的问题，说搞人肉搜索完全没有法制观念，但是，没有一个人注意到这个问题的形成也是媒体的重大失职，本来是应该你去做的，但你没做，所以网络才去做。网络一时很难建立这样的价值秩序，但这种秩序毕竟正在逐步形成当中。所以，我觉得我们的社会处于巨大的变革之中，这个变革首先是社会的变革，“利”的价值观念还没有成形，我们应该允许用自己的表现、自己的表达来促成我们的民族构成这样的价值体系和价值观念。2008 年的这些重大事件，让我们看到了政府做得好一个方面；同时，也让我们也看到了非政府组织形式的宝贵和可爱。它们可以在很重大、很特殊的情况下自发地做一些事情，这种东西是最有价值的。如果这种东西能够成为共同遵守的价值秩序，那么我们的民族就真正会有力量。

俞吾金：尊重生命，增强风险意识

目前的哲学研究大都在讨论生命的意义和存在的价值，但当我们碰到现实生活中一系列关系到生命流逝的事件时，却似乎完全忘记了研究的内容，采取了冷漠的态度。如果哲学研究完全脱离现实，那么它还有什么意义呢？所以我认为哲学的研究应该跟现实生活紧紧联系。在我们国家经历了这么多重大事件之后，我想谈谈几点哲学上的思考。

第一点是我国的社会科学主义倾向比较严重。社会科学主义就是“把自然空间的概念和方法，不加分析地运用到人文科学或者哲学当中”。我们国家中虽然存在很多组织化的东西，但真正能够激励个体的应该是制度上的东西。如“为人民服务”贴得再多，也没有制度上的改变来得更有效。我们做任何事情、制订任何制度的出发点应该是生命第一，生命甚至包括人以外的其他动物、植物的生命。但是长期以来，我们在社会科学主义的大背景下，对人的生命不重视。我们长期的革命斗争以及后来发生的一系列历史事件证明了我们对马克思主义有一个错误的理解，其实马克思主义归根到底还是宣传人道主义，尊重个人的全面的、正确的发展。

第二点是我们社会缺乏普遍法权人格和道德。中国的市场经济和西方国家不同，西方国家是自下而上进行，而我们是自上而下进行。在改革开放初期，法律制度的制定都是摸索着进行的。虽然现在我们每年颁布很多部法，但是中国强调中国文化教育，是人与自然的社会。在这种情况下，我们如何推广法权人格？转变为我们做什么事情都从法律角度出发，从一个自然人转变为具有法律意识的人，用法律约束他人，尊重他人。这其中，法权人格的建立本身非常重要。中国社会目前的法律意识还非常淡薄，所以，我们要用比较高的道德标准要求自己，即中国的“仁义礼智信”，最后一个是“信”，“信”就是“信用”。但是现在我们的信用度非常低，相互之间缺乏信任的情况非常严重，在道德出现问题的情况下，来让大众讲信用，是非常不合实际的。

第三点是我对社会风险的感受。现在是风险社会，在我们的生活中，我们应该重视用科学防范风险的精神来最大程度地抵挡偶然性风险防范。2003 年的“非典”、2004 年的印度洋海啸，这些事件都提醒了我们风险的问题。我们以前都缺乏研究，缺乏对风险的了解。汶川大地震留给我们的不仅仅是骄傲于中华民族精神，更重要的是让它引导我们去科学地防范。我们要学会科学地预测，从重视老百姓生命的终极目标出发，预先投入精力去了解生命所处的生存状态，这远比后期的弥补更重要。只有唤起每个人对当前社会的反思、参与，我们的社会才能充满希望，我们国家才能沿着现代化的道路健康向前发展。

庞学铨(主持人)：关心哲学从关心身边的事情开始

说到哲学，人们一般总感觉很抽象、很陌生，甚至认为哲学是不关心身边的事，也和身边发生的事没有什么关系。那么，搞哲学的人是不是总是埋头思考一些和现实问题关系不大的、云里雾里的问题呢？事实上，哲学是对现实生活及其重要问题进行不同的解读。

刚才衣教授主要从全球化时代我们应该怎样运用和提升我们的文化软实力、让中国文化恰当地切入到全球化语境的角度谈自己的看法，他特别讲到了语言及其使用的问题。的确，文化软实力的提高需要我们注意自己的文化符号、注意自己的文化语言，尽可能使它们与世界进行相互平等而可理解的对话。韩教授从一些重大事件谈到了人的存在、生存，从人的生存谈到人怎样用合适的组织方式推进和提升人的价值地位和生活质量，这和我们今天晚上的主题非常吻合。中国目前的许多问题都与人的存在及其组织方式相关，而这种存在和组织方式又随着社会变化而变化，这是形而上的问题。许多具体的事件和活动都有一定的组织方式，不同的组织方式会产生不同的结果和反映，这又可以说是形而下的问题。形而上和形而下显然并不是分开的，而是相互沟通，从形而上推动形而下，从形而下促进形而上。陈教授的发言令我深受启发，从目前来看，我们整个市场经济依然不够完整，整个社会没有形成统一公认的价值体系和价值观念，大家也都非常浮躁。在这样的情况下，我们每个人，每一个个体应该如何生活、如何生存？我们需要追求精神的价值，包括个人的自尊、个人的精神和整个民族的精神意识，只有追求崇高的、核心的价值，我们才能活出自己的尊严、活出自己的价值。俞老师特别强调了对重大事件的处理要重视人文精神的弘扬，特别是要重视生命。另外还要树立法权人格、确定自己的价值以及增强对社会风险问题的研究，这些都和我们最近发生的重大事件特别密切。

从今天邀请到的哲学家对话中可以感觉到，哲学既不抽象，也不空洞，不是计划，也不是计谋，哲学关注现实生活，关注社会问题，只是它注重研究更深层的而不是表层的问题。

| 问 | 刚才 4 位老师所讲的都涉及尊重生命的普世价值观，但是普世价值观还有其他的问题，比如中国传统的价值与西方的价值不能达成一致，这与中国个体利益与集体利益之间的冲突有关系。我想问的是，普世价值怎么样才能在一个与它相冲突的社会中产生？

| 韩水法 | 这个问题提得非常好，因为你提到了哲学面临的一个难题。我基本上不使用“普世价值”这个词，我用“共同观念”。我们都有一个共同的观念，这样的观念形成社会的共识，成为社会的重要原则。比如宪法是所有法的根本，所有的法都要和这部法符合。虽然每个国家的宪法不一样，但是通常宪法最核心的内容是一个国家的组成和这个社会最基本的观念。比如 20 世纪德国痛感对人侵害，所以德国宪法的第一条就是“人的尊严在任何情况下都不能侵犯”。但是，我们怎样达到这样的共同观念？这是核心的问题。我有一个简单的办法。共同观念有两种：历史的传统和当代人的共识。我们知道西方讲自由，因为那是一个普遍的东西。但是，18 世纪以前，“自由”的概念是特权、是保护，只有贵族才能有自由，所以只有少数人才有资格说“不自由，毋宁死”。我创造了一个概念——“非人”，来指那些没有自由、没有公民权的人。但是，“非人”后来发现这些观念普遍化之后，他们也能接受，第一个学者提出这样的理论，政治家和社会上层阶级都赞成这样的观念，随之而来的就是“人”活动范围的扩大。西方现代化的过程就是让越来越多的人有越来越多的活动空间，以至于最后所有人都有同样大的空间，这是一个实践的过程。比如说民主，让更多的人有选票，实际上是由一些思想家提出来的，然后有一些人支持这种想法在实际中被应用，人们就这样通过实践来解决这些问题。

| 问 | 北京奥运会的开幕式充分展现了中国的文化特色,但怎么与国外的文化融合得更好?

| 衣俊卿 | 我主要从社会和媒体这两个经常与文化联系在一起的角色方面讲。 虽然有一些遗憾, 但首先还是要肯定张艺谋开幕式的一些创意。 首先他利用了现代的媒体技术, 结合中国文化元素, 非常直观地体现了中国人文精神, 虽然缺少更多朴实的东西, 但在这么短的时间内, 完成这样的阵容, 已经非常不错了。 虽然我们有一些价值是共同的、包容的, 有一些普世的价值观, 但人类的文化之树肯定是多样化的, 文化产业也是多样化的。 我们今天到了一个平民化的时代, 不要过分追求每件事是共同的, 我们只要设计一个能够保持我们公平的程序, 就可以了。

| 问 | 如果一个国家的法律越完善,那么这个国家的人会不会更有素质、更加文明? 或者说是因为这个国家的人没有素质,才要建立更多的法律?

| 俞吾金 | 其实从建立法权人格来说, 我们中国过去的法律就是以刑法为主, 没有民法的发展。 我认为民法才是鉴定个人权利与义务的根本法律。 我想可以通过一个小故事强调这个法权人格: 马丁审判一个犯人叫玛丝洛娃, 在审判这个案子的时候, 一个贵族聂赫留朵夫突然发现这个犯人原来是他姑妈家的一个佣人。 在她年轻时候的, 一个纨绔子弟玩弄了玛丝洛娃的感情。 玛丝洛娃从他姑妈家出来以后, 就做了妓女, 之后发生了这样的谋杀案。 马丁内心承受了很大的折磨, 所以当他宣布将玛丝洛娃流放到西伯利亚的时候, 他主动提出要追随玛丝洛娃(俄国《复活》, 托尔斯泰著)。 我们需要这样的法权人格, 如果没有这样的法权人格, 每年出几十部法律都没有用。

中国学术思想在美国

田　浩

田　浩(Hoyt Tillman)　1944年生于佛罗里达州的克里斯由(Crestview)。美国亚利桑那州立大学历史、哲学与宗教学院教授，国际知名的中国学术思想史专家。1976年取得哈佛大学东亚语言与历史学博士学位，主要导师是史华慈(Benjamin Schwartz)和余英时，在宋元思想史研究中取得了丰富成就，著有《朱熹的思维世界》、《功利主义儒家：陈亮对朱熹的挑战》等。

我知道，在美国做中国思想史的条件远不如你们在国内做这类题目，可是同时我觉得从国外的角度来看可能有一些好处，所以我可以稍微讲一点这类的题目。我的研究方向是从陈亮开始，到吕祖谦，等等；我比较注重宋代以来浙江籍的一些学者，因为我觉得，浙江的学者从宋代以来，对中国的影响实在很大。

美国汉学：谱系与范畴

美国的汉学基本上是从欧洲传过来的，在20世纪二三十年代，我的老师、老师的老师们如果想学汉学都要到欧洲去，所以欧洲的汉学对美国的影响很深厚。欧洲的传统可以说是比较接近中国清代的考证传统，但是美国人逐渐觉得这样的传统不足以应对当代社会科学的一些问题，所以20世纪60年代以来，美国人就把传统的汉学转到了一种社会科学的方向。因此，美国现在几乎没有什么汉学，我们在做的是Chinese Study，是中国学。

美国最早的汉学家陈荣捷先生是广东人、在夏威夷长大，因为他有华裔传统，所以要研究中国的哲学。但是陈先生的研究方式比较传统，他的研究方向是很窄的；而哥伦比亚大学的狄百瑞教授，虽然他与陈先生有将近50年的合作，但是与陈先生不同：他除了强调朱熹，还讨论北宋五子，而且他讨论的范畴也和陈先生不一样。可以说，狄百瑞教授已经从传统的汉学转向了一种宗教理论的立场。

狄百瑞教授之后的代表人物是安乐哲教授，他是*Philosophy East and West*的编者，安乐哲是一个真正的哲学家。他的一个特点是他要研究儒家的思想，然后利用中国的思想、中国的哲学来批评美国的主流哲学传统。因为他觉得美国的哲学、文化有很多问题，而中国的传统恰恰可以改正、补充美国的不足。然后是余英时先生，我想你们都很熟悉他了。余先生可以说是继承了宋到清的考证传统，所以你们看他的书可以看到他考证的一个方面，但是他同时也有社会科学的方面。比方说他的《朱熹的历史世界》，这本书采用了美国的心理学来分析南宋皇帝的一些想法，这和传统的汉学是很不一样的。和这本书比较类似的是哈佛大学包弼德教授的《历史上的理学》，他的方式是把地理跟历史、思想合并起来讨论。再有就是普林斯顿大学的艾尔曼教授，他的研究范围很广，包括了科学等方面的要素。从美国汉学的历史来看，不难发现美国汉学的社会科学化，他们越来越尝试从社会科学的立场来讨论中国历史和中国思想。

美国的学者看中国历史有问题化的特点。我认为，西方人看中国历史，或者中国人看西方，有一个好处就是：会有比较的立场，容易发现新的问题。因为你看自己国家的历史，你会觉得很多事情是很自然而然的，许多事情对你而言就应该是这样子的。可是当你看另外一个国家的历史时，你会有一个比较的立场，你会很奇怪为什么他们会有这样的选择。所以别人来研究你的历史是一件好事，而在这种研究中，研究者使用的范畴具有很重要的作用，因此我们需要进一步来讨论一下美国汉学家所使用的范畴与概念。

这里要提到我自己的一本书——《朱熹的思维世界》，我写这本书的一个原因是我觉得很多学者所使用的范畴有一些不清楚，特别是最普通的这些概念：儒学、新儒学，等等。我可以举一个具体的例子，20 世纪 80 年代在北美有两个学者发表文章讨论女真金朝的儒学问题，第一个就是陈荣捷先生，他的结论是金朝时中国北方没有儒学；另外一个学者是冉云华，他的结论却是金朝时中国北方的儒家思想都是新儒家。他们讨论的人物、使用的范畴都一模一样，可是他们的结论却是完全相反的，因为他们脑子里面对新儒学的定义是完全相反的。所以我觉得我们必须想办法把这些范畴搞得更清楚一点，因此我就开始从历史资料的角度来讨论宋代和近代的思想。

从这个角度出发，我要探讨的第一个词就是“世儒”，它指的是宋代比较保守的、主要继承汉唐思想的学者。与之相对的另外一批人可以叫做“宋儒”，因为他们的思想跟过去相比有一些主要的改变。简要地说，宋儒的主张与欧洲文艺复兴类似，他们都想回到古代、恢复古代的思想。所以他们可以不依赖于汉唐的注解而直接跟圣人对话，他们对于自己的朝代很有把握，因为这是自孔孟以来第一个真正实行儒家思想的时代。

宋儒包括很多派别，王安石、苏轼，等等，当然也包括道学。我对

“道学”的使用跟别人的用法不太一样，我强调要使用“道学”主要有两个原因：一是因为在宋代，道学这个词是比较普遍的，而理学这个词主要是指一些抽象的讨论，用的也比较少。道学则跟宋儒的政治活动关系很大，所以我觉得用“道学”能更接近宋代一些具体问题的辩论。二是因为道学本身含义的改变。道学在12世纪的使用范围还是很广的，并且主要用来讨论政治合作，但是从朱熹强调“纯儒”开始，道学的使用范围就越来越窄。

我们再回到陈荣捷与冉云华之间的争论。清代编的《宋元学案》是古代中国第一本思想史的巨著，它最后一章就是讨论女真金朝的儒家思想。按照这本书的观点，金朝的思想主要受到的是王安石和佛教的影响，此外就是苏东坡的影响，并没有受到道学的影响，这个观点一直影响到现在。可是我在20世纪80年代做了一些研究，发现金朝有一些学者——比方说赵秉文和王若虚，他们可以说是金朝最重要的两个知识分子了——就很歌颂道学。于是我利用这些材料，修正了以往认为道学、朱子学是由赵复带到北方去的观点。我后来有用6年左右的时间对元代思想、特别是郝经的思想进行了研究。郝经是忽必烈的顾问，在政治上有很重要的地位，我认为我们可以利用他思想的演变来看道学的演变。郝经年轻的时候，“太极书院”的主讲人王粹曾写了一封信邀请郝经来研究讨论道学，但是郝经却回信说，他很反对道学这个范畴，认为道学在南宋有很坏的影响，特别是在政治方面。而且他说，我们不需要南方传下来的道学，因为我们在北方有周敦颐和二程的学说。可是过了不久，郝经就改变了自己的想法，所以后来他写了《太极书院记》来称颂道学。在与赵复的一封信里面，郝经讲他认为应该把楚跟晋的传统结合起来，也就是把北方的传统跟南方的传统结合起来，共同形成一个比较全面的道学范围。不仅如此，他甚至还在《周子祠堂碑》里面歌颂朱熹，承认朱熹继承了道学的传统。当然，郝经一辈子都希望保存北方的传统，尽管这种多元性的道学是很难留存下来的。

面向问题的汉学研究：以朱熹为例

下面我们讨论一下以朱熹为中心的多元性问题，这是我自己比较感兴趣的另外一个话题。我觉得国内外主流的学者都太注重朱熹了，朱熹当然很伟大、很重要，但是如果我们单单只研究朱熹而忽略对与他同时代的学者的研究，那么不但会使我们难以了解他同时代的那些学者——包括浙江的陈亮、吕祖谦等——的贡献，而且也会妨碍我们了解朱熹本人的思想。因为朱熹的思想是通过与他同时代的人辩论而形成的。我举一个具体的例子，大家知道朱熹对“仁”有一个很好、很简明的解释，他说“仁是爱之理、心之德”。可是在20世纪80年代之前，我们都不知道这个“心之德”本来不是朱熹的话，恰恰相反，朱熹本来是反对用“心之德”来定义“仁”的。这话最早其实是他的朋友张栻对“仁”的解释，朱熹在给吕祖谦的弟弟的信中说自己要纠正这个说法，但是后来朱熹却接受了张栻的解释，并且引用了这个解释。假如我们不知道或者不了解与朱熹同时代人的观点，我们就无法了解朱熹自己的思想历程。

之所以要讨论以朱熹为中心的多元性，还有一个原因是跟“天才”问题相关的。我注意到很多中国人都认为天才只是一个人的事情，是一个人聪明，因此我们有一个新的想法总想着要保密，不想让别人知道，更不愿意拿出来讨论。可是，假如我们把朱熹作为一个天才的例子来看，我们会发现朱熹的聪明不是一个人的聪明，他需要很多同时代的人给他启发、帮忙。我知道国内有很多人都在关心创造力的问题，他们可能认为我们的教育方法太传统了，我们应该想办法向美国学习如何提高小孩子的创造力，我想对朱熹的多元性的研究可能有助于我们更好地理解这个问题。

朱熹的鬼神论与道统论，是一个既说明朱熹创造力又体现他对传统的看法的例子。传统上中国人认为你不能祭别人的祖先，但是你可以祭你自己的老师。朱熹接受了这种看法，但他又强调这种做法不但和“气类”有关系，也和一个人的“位”有关系。比方说天子可以祭祀天地，因为他是天地之子，可是别人却不行。再来看一下朱熹的道统论，朱熹把自己放在学生和孔子之间的一个特别的位置，在这个位置上他是可以跟孔子对话、可以直接继承孔子道统的。比如在1194年，在沧州精舍祭祀的时候，朱熹告诉他的学生，孔子的道一直传到宋代，传到他们自己的手里，可以一点都不要改变。这样朱熹就把儒家的道统承担在自己身上，把自己提高到一个很高的位置，我觉得这是很有特色的一个地方。那么这个同创造力、多元性有什么关系？我觉得这种学说客观上证明了朱熹的创造力，但是他这样做的直接后果就是减少后来学者的创造力，把本来复杂的多元性传统弄得更窄了，所以我认为这是中国传统教育中应该予以改变的地方。

宋代思想的现代指涉：儒学与经济社会

最后我们来探讨研究宋代思想跟我们当代有什么样的关系。这要涉及思想演变和经济发展之间的关系，这个话题最早源自于马克斯·韦伯。韦伯是将近100年前的德国社会学家，虽然他的理论也有一些缺点，但他在欧美社会科学界还是有很大的影响力。韦伯有两本书很重要，第一本是《新教伦理与资本主义精神》(*The Protestant Ethic and the Spirit of Capitalism*)。在这本书里，他的结论是基督教的一些概念、思想影响了西方资本主义经济的产生与发展。比如一个虔诚的基督徒商人，他会很困惑上帝到底爱不爱他、他死后到底能否得救，怎么办呢？他会认为假如自己在现实社会中取得成功，就可以证明上帝爱他，所以你最好赚钱，赚得越多越是对上帝的荣耀。但是，同时你还要知道这些钱并不属于你，因为它们来自上帝的恩典，因此你不会拿钱去享受，而是把它用来进行投资，赚更多的钱。韦伯认为这种宗教思想对欧美资本主义经济的产生有非常大的影响，但是很多人怀疑他的结论，所以他需要进一步的证明。证明的一个办法就是他要对印度人、犹太人、中国人进行研究，把他们和西方做一些比较，看看是不是符合这个结论。韦伯研究中国的成果是《儒教与道教》(*The Religion of China*)。在这本书里，他认为古代中国在经济水平、生产技艺、政治体制上都远远超过欧洲，所以中国似乎应该很早就有资本主义，可是为什么中国产生不了资本主义？韦伯的结论是中国人缺乏基督教的上帝观念，所以中国人没能发展出资本主义经济。

韦伯的理论影响很大，很多人都利用这个理论来研究、解释近代中国的衰落。可是到了20世纪80年代，由于亚洲经济的飞速发展，韦伯的理论受到了很多学者的批评与反驳。比如杜维明，他就强调东亚经济的发展受到了儒家的影响，儒家是可以代替基督教促进经济发展的。杜维明的观念也有很多人接受，我对此稍微进行了一点研究，发现清末的陈焕章——他是清朝末年的翰林，后来在哥伦比亚拿到博士学位，他的博士论文是 The Economic Principles of Confucius and His School——他在博士论文中就已经强调过儒家学说也有发展经济的要求。

余英时先生也对这个问题进行过探讨，他专门写过《中国近世宗教伦理与商人精神》，这是一本针对韦伯观点的关于宗教伦理的书，里面就讨论了儒家的文化怎么引起商人的改革。后来他也写《现代儒学论》还有《宋明理学与政治文化》。他比较多地注意到布罗代尔的“市场经济”(market economy)这个概念，这样就把经济问题变成了一个具体问题，可以做一个比较社会科学的题目。那么，他可以避免韦伯的西方宗教的偏见，但还可以继续研讨信仰与文化对经济的影响力。余先生的结论是到了明朝末期、清朝初期，一些学者(特别是王羲之与顾炎武)强调义和利、公和私可以合并起来实行，这两个概念对商人是有影响的，比如符合儒家道德的“儒商”。

最近我的一个朋友写了一本书，是关于吴火狮的，吴火狮是新光公司的创始人，他在 1986 年去世之前把新光公司变成了台湾第六大企业，这个人非常注重科学的管理方法。但是他的文化水平其实很低，只读了八年书，他说他经常看的一本书是涩泽荣一写的《论语与算盘》，这本书的观点与陈焕章的很接近，都强调孔子、孟子思想中没有对利有这样的偏见，对利的偏见是从宋代的二程、朱熹开始的。那么，公私结合、义利结合这样的观点又是谁的呢？是陈亮的，而朱熹是很反对陈亮的，他甚至不让自己的学生看陈亮的文章。我想这个具体的例子就可以说明我们许多人受到的传统影响并不都是来自于朱熹等人的主流观点，吴火狮他们反而受陈亮他们的思想比较深。所以当我们了解了宋代的多元性的时候，就不会这么狭隘地理解中国的传统。我觉得我们这一代的学者，有一个错误就是太注重主流的传统，忽略对其他思想的讨论。然而这些并不主流的思想其实是跟我们当代面临的许多问题密切相关的。现在中国的年轻人看自己的传统文化，似乎觉得没有什么生命力，看西方的文化反而觉得很活泼、很好玩，我觉得这和老一辈学者的疏忽是有关系的。

那么，我们现在该怎么对待自己的传统？ 我觉得朱熹是一个很好的例子，朱熹把多元性的中国文化，包括佛教、道教等整合起来，当做他自己的传统。 我认为当代中国人也应该给自己这样的权利，觉得什么东西是好的、是合适的，就把它拿来作为自己要继承下去的传统，这样才能更好地把中国文化传承下去。

| 问 | 田教授您好，我最近读了您的《朱熹的思维世界》，里面给我印象最深的是南宋知识分子之间非常团结、非常乐于提携后进，他们甚至把自己这个团体称作“我党”。但是，我们也知道，中国历史上许多知识分子之间的斗争都特别激烈，您觉得南宋知识分子之间的这种团结对我们今天有什么启示呢？

| 答 | 这个问题很复杂，不过我觉得我们还是可以从宋代的历史中获取一些经验。 宋代知识分子在最开始的时候，对全国性的问题都特别关心，因而也就很自然地合作起来推动社会的变革。 但是到了南宋末期，这种团结的气象已经变了很多，比如说王应麟、王伯，虽然他们都是浙北地区的人，但他们之间不但没什么来往，而且彼此很少提及对方。 这给我的一个体会是，道学早期的合作精神虽然很好，可是这种合作精神很容易变成一个排斥外面的情况，并且使他们自身变成很窄的一批人，因此这种合作发展下去其实是不好的，因此我们当代人要学会更开放、更多元一些，南宋知识分子演变的结果其实是丧失了自己的创造力与多元性。

| 问 | 您在讨论天才问题时，说天才其实是汇聚了当时各种思想、结合了同时代人的结果，还特别强调了分享的重要性。但是关于某个问题，不同背景的人有不同的观点，一旦有新的想法提出马上就会遭到四面八方、各

种各样的观念的反驳，那么我们应该如何对待这些观点、如何搞清楚事实的真相呢？

| **答** | 这个问题问得很好，事实上陆九渊就有一个很好的立场。陆九渊曾经写信给朱熹，说我们怎么知道你的“理”是正确的。他的结论是我们必须讨论，只有经过互相讨论才能知道真理是什么。我知道中国人一方面喜欢热闹，但是另一方面又害怕这么多的观点看起来太乱了。但我想你们可以把这个当做一种热闹，这种热闹是一种乐趣、一种机会。假如我们互相沟通、互相尊敬地讨论，我们肯定可以得到更好的结论。中国人可能太尊敬老师的意见，但这不是件很好的事情，因为你的学习条件、你们的基础已经远远超过了我们这代人，你们应该很容易就超过我们，所以你们可以对老师客气，但是不一定就按照他们的想法来做，应该用自己的头脑去分析究竟什么才是合理的。

| 问 | 您刚才提到，在美国有一些学者，他们试图在中国找到解决美国问题的办法；同样在中国，有一些人，希望从国外找到解决中国问题的方法，您是怎么看待这种文化交流的？它们是出于对别的文化的猎奇心理呢，还是因为文化间的互补呢？

| **答** | 一方面，我觉得这样的学术交流、文化交流，基本上是很好的事情。但是，另一方面，他们很容易只从别的文化或别的国家中拿出一两个地方，却忽略了整个环境，这样效果反而更不好。所以我希望不但要有多元性的讨论，而且应该比较多地了解对方的文化情况，从而了解特定的观念或者制度在那个文化里是怎么产生的，它在那个社会中起什么样的作用，这样就会有一个比较全面的了解。

中国哲学的现代化与世界化

成中英

成中英　1935年生，祖籍湖北阳新。夏威夷大学终身教授，国际知名哲学家，国际中国哲学会创办者、国际本体诠释学学会创始人，《中国哲学季刊》创立者和主编。1955年毕业于台湾大学外文系，赴美留学，先后获华盛顿大学哲学与逻辑学硕士学位、哈佛大学哲学博士学位。主要研究领域为中西哲学比较、儒家哲学及本体诠释学，著有《中国哲学的现代化与世界化》、《合外内之道：儒家哲学论》、《本体与诠释》、《易学本体论》、《C理论：中国管理哲学》等。

从大学之道到中国哲学

很多发展中国家的大学都在追求知识，而西方大学追求的是以真理为要求的一种知识；那么，什么是真理？ 什么是知识？ 更进一步的思考是：真正的大学之道，是不是还有一个更深的层次？

就中国的传统来说，在儒家的思想里面，大学之道是什么？ 这里涉及人本身的问题：人到底是怎么思量自己，怎么达到人的要求，怎么实现人的价值，进而成为一个真实的、完整的、美好的人？ 我想，人的生命是人存在的一种实现，为了人类整体发展理想的实现，人不可能把自己关起来，你的生活条件、环境需要你对这个世界进行真实的表述。但人类在发展目标的实现上离不开分工，当然，这种分工不能脱离一个完全的、整体的关联，因为人的存在、物质的存在，以及其他任何事件的存在，都有一种内在的联系。 所以，在这种情况下，人类对于经济上的要求就是全球化。 儒家提出，要与人为善，建立一个和谐的社会，建立一个和平的世界，而建设这样的社会就需要人们有机会、有能力、有条件去公平发展，发展不同的群体。

具体到个人，人不可能存在于一个点上，一定要全方面发展。 一个人在一定的时空里有一定的特色，他应该通过实现自己的特色、发展自己的能力来实现一种美好的价值。 这是一个新的目标，人不能停滞于一个层面上，我们需要自我的创新、理论的创新和文化的创新。 我们还要把它推广出去，建立一个完美的世界。 事实上，文化就是兼容并包，它不是把一切变成一样东西，而是让大家觉得很有活力、很有动力。 文化应该是多样性的、多元化的，这在政治上体现为自由民主，在经济上体现为财富创造、充实生活，所有这些都是需要我们去创造的。

大学就是我们追求人性化的一个过程，它能够使这个社会走向一个更好的、理想化的境地，也能够使它变得更加规范化。 所以，大学就是这样一种教育、这样一个传授。 过去大学的目标被定位于追求真理，这和西方传统有关。 现在我要谈谈中国哲学的内涵，中国哲学相对西方而言具有一种更丰富的内涵。 我们现在谈的中国哲学好像是比较古老、比较闭塞的，或者说我们经常不知道它到底具体是指什么东西。

我希望通过今天的讲解，能带给大家一个比较充实、比较清晰的认识。

大学追求什么？ 我并不否定知识和真理的重要性，可是不管我们怎么去了解知识、怎么去了解真理，它都已经被固定了，但是语言是一个活的东西、是开放的，每一个语词都需要人来给他寓意。 过去人们已经给了语词一些寓意，形成了约定俗成的概念。 这样一个语词就具有了一定的含义，我们就可以利用这个含义给它一些定义。 但是，除此之外，我们还可以通过透视它的寓意给它一个更深刻的说明，甚至于给它另外一种定义。 也就是说，语词的定义表现了我们对我们的生活和我们的世界了解到什么样的程度，体现了我们以一种什么样的思维去了解语词。 所以从这个层面上讲，中国哲学的本身含义并不是空泛的。

今天中国在世界上的形象有很大的改变，这要归因于中国的发展和成功。 作为一个经济实体，中国的发展和成功是有目共睹、为世界所肯定的，这种发展实际上是把中国内在的生命力展现出来了。 但这只是经济的发展，而我们所追求的是文化的力量，文化的力量就是中国人的智慧。 经济上的发展只是中国发展的一个开始，它需要一种文化和理论的氛围。 我们不仅需要给它一个合理化的说明，还需要给它一个规范，使它发展得更好，使它具有一种普遍性。 中国的发展需要中国文化的正确，需要中国哲学的壮大。 中国哲学是人类文化遗传最重要的一部分，如何让它成为我们自觉性的一种理解，让它发展得更好、更能够产生一种真实的意义，这是值得我们关注的。 当然，这并不是说我们要回到过去，并不是说要忘记我们的需要和目标。 从我们的传统理念讲，具有一种权威性和自觉性并不只是一种单纯的支持或者是政治上的追求，而是要体现人民生命价值的需求。

哲学在中西之间：差异与沟通

中国从来没有在传统中放弃过哲学，这里的哲学并不是指“哲学”这个概念，因为中国没有西方意义上的那种哲学。 中国把西方的哲学理解为只有在一种知识的探讨里面、在真理的探讨里面才能够实现的东西，所以可能会产生一种把智慧转化为知识的倾向，这也是文化环境使然。西方哲学产生于一种环境主义之中，人对当时那种环境产生怀疑，进而需要人在客观上有一个很明显的表达，所以西方哲学具有一种探索对象、找寻真相的天然需要。发展到最后，哲学便成为建立一种标准、建立一套体系，这样结果反而是脱离了现实。西方哲学是走向一个非常抽象、非常完美的理性世界的哲学，就像几何图形一样，要找真正的圆、真正的方、真正的直线，这是一种逻辑性的思考。这里很重要的一个要求是：要把这种抽象的真理落实下来。西方哲学要求我们客观地了解世界、了解人，要求我们排除主观，甚至排除感觉，这种传统使西方人能够去找寻一个客观的、可以普遍遵循的知识，或者说就是要把它变成科学的知识。当然，西方也有宗教，但是西方是要把宗教拉到现实中来、要把知识更进一步拓展，它一直没有解决一个问题，就是人到底是什么？人是一个科学的对象，还是说人只是一个上帝的信仰者和支持者？人的意义到底何在？这个问题其实可以用中国哲学来回答。

中国哲学里面有明确自己的智慧，不是把自己当做对象，而是知道自己是一个活生生的生命的载体，是一个具有创造力的人物。我们不仅要了解自我，更需要对这个世界进行认识和观察。我们要认识到我们的内在生命力其实就是宇宙的生命力，宇宙的生命力能够去创造宇宙，人也应该能创造人的宇宙。这就是中国人的智慧。

哲学的“哲”字是日本人在18世纪翻译出来的，来自古语“知人则哲”，这是很有道理的。“知人则哲”不是说只有我一个人，它包含自己和他人，人的概念是既具有个别性又具有普遍性的，既是个体又是群体的。所以，中国人拥有很多人际关系的处理方法：我们知道这是一个怎样的人，怎么去和他建立关系，怎么从认识自己发展出去，怎么从个体的人到博思人与物。达到这样的一种认识，就是社会的一种智慧。在这个认识之下，中国哲学的确是一个很真实的哲学。不是说我们必须要把哲学分成西方的或者是中国的，哲学根本上就是人的一种自我认识；或者说，哲学就是理解人的学问，它包括如何理解、发展人或者是如何珍惜自我、珍惜生命。所以我认为，中国的哲学是哲学原形的代表。从这一点来看，中国哲学具有四个方向：

第一，根源性。任何一个哲学问题都要追其根源，它源于何处、它是怎么来的，这是哲学最根本的问题。随着哲学的发展，我们要重视这样的问题，我希望中国人能够直接地把它提出来。

第二，实体性。人的存在或者说存有既是实践性的，又是内在性的，不只是一个历史过程，而是当下有一个根源在里面。这个根源是要把现代的根源和内在创造性的根源相结合，但这并不等于本原性或者是根源性的问题。

第三，发展性。人是一个思维的实体。我们要说明他是什么，这是实体的根源问题；此外，我们还要注意他的发展性，他到底怎么去发展？他发展的基数是什么？他运用什么样的一种动力去发展？

第四，目地性。人还有一个目标性和目的性。

中国哲学本身作为一种哲学来说，具有这四个方向，因此是一个非常完整的哲学。从中国人的文化发展当中看，它和经济的发展、社会的发展也是脱离不了关系的，所以，中国哲学既具有发展，更具有根源性。

中国哲学和西方哲学都有本源性，它们都是在根源上面发展的，是以实体的发展作为支撑的。我们可以学习西方，也可以充实自我，逐步去解析和发展自己，这样就形成人类发展的不同途径。我们为什么能够“和而不同”，其实事实上是“不同而和”，因为本来根源是不一样的。当然，不能说因为国别的差异，就不能建立一种相互沟通、相辅相成的关系。我们可以通过对不同事物的了解来建立这样的关系，因为人的发展最后是整体性的。简而言之，就是人在根源上是一体的，然后进行多元发展，最后回归到一个完整的整体。

这是对中国哲学建设性的一个思考方式，这个方式实际上也体现在西方思考的方式里面。除此之外，我们还要注意中国哲学发展所经历的过程和这个过程所面临的困境，即哲学发展遇到的问题在什么地方？一个哲学的思考，从它的根源性、实体性、发展性和目的性的问题上来考虑，即使你没有发展，也存在着问题，问题本身就是存在着的。我们要不断地在发展中解决这样的问题，所以我们有理由、有必要去进一步认识我们的发展方向来充实自己。

这里有必要回顾一下中国现代化的问题。中国哲学基于人生活的需求而产生的两个方向：一是对宇宙的观察；二是对自我的反思，在这两种情况下产生了《周易》这本书。过去大家把《周易》看做是占卜之书，甚至现在研究它的人还是有这样的一些想法。认为《周易》就是迷信，是对自我认识的不足。事实上，《周易》在哲学里面非常重要，在中国古老的哲学发展中，我们受到的更多的是实际事物的影响，而不能从中跳出来，不能找到它的根源、它的实体、它的发展以及它的目标，我们困于其中，迷失了自己，中国的哲学变成了僵化的、死板的、没有内涵的，甚至缺乏生命意义的一个状态。在这种状态之下，人们进行思考，产生了很多的问题，随着问题的与日俱升，中国哲学不能够应付当时的问题。在这种情况之下，儒家的发展有一段非常粗犷的时期；道家也是如此，不能够进行一个理论的提升，或者重新审思。历史上有很多人看到这种情况，他们不断地探讨“原道”，这个“原”很重要，大部分人忘记了这个“原”、忘记了事情的内涵。所以中国哲学和一直在发展的西方哲学比较起来，的确是有落差的，当初要走向西化也是可以理解的。

因此，现代化是中国哲学发展的一个重要趋势。什么是现代化？现代化就是从现代的角度来掌握现实的力量和真实的力量，能够用理论、信念去说明生活、规范生活、开发生活和改进生活。我们需要对传统的理念进行不断更新、思考，使它充实起来。这是根源性方面，而发展是靠人来充实的，是靠人的经验和人的不断认识来充实、改变的。现在我们翻了很多康德的书，主要是两套新的翻译，李秋零教授和邓晓芒教授。我在哈佛大学念书的时候，感觉康德的书有一点像中国哲学，因此我认为康德哲学是有中国哲学面向的。这个意见提出来之后，很多人觉得不可能，因为康德是现代西方哲学的代表，但实际上他是一个总结古典西方同时又整合现代西方的人物。康德提到了人的自主性、人的理性、人的完整性和人的道德性，这跟中国哲学有明显的关系。康德认为，人的存在是一个具有充分意识的存在，即使是一个动物，也不能说它是一个机器。从中国哲学来看，万物的发展都有一个血气相连的概念。动物只是比我们低一等而已，不能说它没有生命，也不能说它没有快乐。中国哲学认为万物有情，每一种物质或多或少都具有意识的状态。而早期的法国人认为，动物只是一个机器；甚至到了笛卡尔，他也还认为动物只是机器，没有灵魂。

不仅仅是康德，我认为整个西方哲学都受到了中国哲学的影响。17 世纪后期，由于通信的进步，中国的儒家经典在西方都有翻译出版。这对西方哲学有重大的影响。所谓启蒙运动，就是 17 世纪时期在中国和西方双方沟通的基础上发展出来的。我认为，很多西方哲学家用的其实是中国的经验，他们把中国经验发挥出来，成为了一套理论，然后形成一套行动的基础和计划。比如西方人重视人的自主性、主宰性，这些理念其实是在中国哲学的理念之下实现的。这也是康德在其道德哲学中所表现的。

什么是人的自主性？是说人能够自己管自己，能够规定自己做什么，能够规定自己把自己当成存在世界的一部分和一分子。也就是说，他重视人存在的一般性和普通性，他的规定具有一般的语法意义。简单而言，就是“己所不欲，勿施于人”。这是对人的标准的一个尊重，也是对人的尊重，这样的认识是非常重要的。康德理论的内涵是什么？以人为目的。在此基础上，西方发展了一套完整的自由、人权和尊严的概念。这些概念的根源是什么？就是人的自主性。从诸子到陶渊明都在谈这个问题——人跟人相同，在一起要相互尊重，相互帮助。就这么一个简单的道理，通过理性的思考，延伸到法律，把它深入推广，于是就融入了人的需求。所以说，中国哲学构成了西方哲学一个很重要的内涵。

中国哲学如何走向现代与世界？

可以说，中国哲学的现代化已经在康德里面实现了，只是我们今天把它忘掉了。这个现代化也是一种世界化，中国的现代化具有普遍性，现代化的意思就是说给它一个寓意，通过当时真实的需要，听从其普遍的认同即实践；这本身就是一种内在价值的肯定。我们追求的就是这一人人都能够追寻的目标，它不一定很完美，但我们要不断给它生命和营养，给它一个新的发挥的机会或者是一个范围。

回过头来看，人追求的究竟是什么？ 人既要生命又要道德，也要美感，人是一个追求完美的动物。 不同的哲学强调不同的重要面，都有其专业性，但专业性也要拿到整体性的哲学范围里面来思考，也就是人存在的基本目的和根源的范围，所以简单地说，人存在是一个哲学的存在。 你可以做一个科学家、一个经济学家、一个技术员，但这都不妨碍你作为一个完整的人存在。 我们要自觉地去挖掘，去思考问题，去给予自己一个更好的形式。 所以我认为，哲学是管理的基础，而不是经济的基础。

作为一个现代人，哲学给予我们的是现代性的一个基础；但它也需要我们的经验、我们的思考给它一个潜在的内涵，所以它和中国密切联系，是当前生活的一部分。 中国的理念存在一个潜在性，要求的是创新，但它对世界的认识又是普遍性和全球性的，是可以在理念上分享、实践上示范的。 这样中国哲学就具有一种高度的世界性，这时我们才可以说：同一个世界，同一个梦想。 中国的奥运难道不代表中国的哲学吗？ 我们现在要更好、更充足地去发展中国哲学，这对中国的经济、中国的管理和中国的社会肯定是有好处的。

今天我们会关注到中国有一个道德的问题，道德是一种自主的规范，单靠外在的规范是不够的；外在的规范体现为管理的重要，内在的规范则体现为伦理的重要。 伦理是一种自我的管理，管理是一种群体的伦理。 中国社会追求的整体性具有一种活力，今天我们已经有时间去思考；过去因为战争，中国人被逼到一个几乎没有办法思考、发展的空间。 那么今天我们有这个能力了，难道我们就只是享受生活吗？ 中国现在的现代化和世界化，是中国走向世界、拥抱世界的一个重要的途径。

现在，西方也希望中国发挥作用，不仅是经济上的，也是智慧上的。 比如在过去 20 年来，流行一种学问，叫“欧洲道家”，有一个沃克大学的教授就把自己称之为“欧洲道家的学者”。 这是因为欧洲战后受到很大的损伤，环境破坏很严重，他们希望和平、希望拯救生态。他们认为老子和庄子有两个好处：给人一种独立的自由；让人的精神不受到生活的干扰。 一些道家的文章有很多欧洲和美国的心理学家和环境学者来拷贝。为什么？因为他们把它作为一种心理治疗的方案。老子、庄子也是一种现代化，也是一种世界化。而且他们把它看做是对生态的一种保护。过去西方人讲生态是因为人的目标，他们认为保护生态像保护一只猪一样，结果还是要抓来吃的。现在我们保护生态，是因为生态本身具有自主性，生态本身需要保护，人与自然是彼此相靠的，人不能够阻碍自然的发展，这是一种生态主义，而这种生态主义是道家所发展出来的。从这个例子可以看出，中国哲学家在这方面弥补了西方人只是追求科技、追求理性的缺陷。他们不但不能否定，而且还需要，也就是说，中国在这方面体现了一个高度的资本主义的智慧。所以说儒家、道家，是世界哲学一个非常丰富的财产。中国的现代性是因为中国哲学本身就具有现代性和世界性。中国的兴起和发展，也应该再回到中国哲学的标准里来。我觉得这个非常需要。

｜问｜成教授，非常有幸拜读了您的著作《C 理论：中国管理哲学》，这本书让我感觉到中国传统文化是可以跟现代管理理论完美结合的；但作为一个在职工作人员，我感觉这本书的理论跟实践并不能完全相结合，那么，怎么样把我们的哲学转化为一种实用性的方式和方法？

｜答｜这个问题很重要。中国的经济发展在早期需要的是科技，是制造业的技术，但是这些东西到最后都要归整到市场的推广问题、产品的创新问题、人力资源的供应问题等，最终形成一种“共赢”的机制，而不仅仅是股东利益或者参与者的利益。中国传统哲学高高在上，没有落实到管理学这一块，它没有考虑如何提升判断能力、组织能力、观察能力，甚至没有组织、观察这样一种概念的范畴。我想我们现在可能还在启蒙之中，只是想把这块架构起来，想用哲学来提升管理者和行政者的判断能力和眼光。我的经验来自朱子的思想，我觉得他有直觉但缺少理论，而我们走向世界，要把事业发展得更大，不可能不进行一个理性化和系统化的过程。我在《C 理论：中国管理哲学》这本书中，是想创造一个理论基础，让它们能够发挥出来。但若有人想把它落实在实践上，那是好的，如果假以时间，我也愿意具体考察和充实这方面的内容。

|问|我认为真理存在于一个流动的过程,东方的哲学家和西方的哲学家在思考问题的时候,可能会遭遇一些不同的意见,会产生分歧,那应该如何处理?

|答| 对西方的文化，大家要有一种辨析的能力。当然，中国对哲学的确还没有更多的贡献，但也不能说没有贡献。我们需要检讨从18、19世纪以来，中国与西方的交往。因为我们的未来，不是建立在单纯的个人良好的心愿上面，而是建立在和西方的交往上面。中国当前经济发展迅速，中国的政治也在发展，但是我们并不需要同西方人完全一样，中国人的政治文化需要建立在中国人的文化自觉上面。我认为“文化自觉”很重要，没有本身的自觉，怎么去掌握中国的历史经验?

浙东思想学派与世界人文思想走向

李幼蒸

李幼蒸 1936 年生于北京。旅美学人，国际符号学学会副会长，中国社会科学院世界文明中心特约研究员。1978 年考入中国社会科学院现代外国哲学室，先后至美国普林斯顿大学、哥伦比亚大学哲学系、柏林工业大学语言所访学。主要研究领域为中西比较伦理学、解释学、符号学、仁学现代化，著有《儒学解释学》、《历史符号学》、《结构与意义》等，译有《纯粹现象学通论》、《哲学和自然之镜》等。

作为现代西方理论之一的符号学

符号学是一门跨学科的科学，涉及各个学科门类，所以很难形成一个专门的科系。但是，在20世纪五六十年代，西方符号学可以说形成了一种运动，特别是在法国和美国。符号学这个说法涉及跨学科，这里我特别注意的就是“现代西方理论”一词。

我曾经在一次国际哲学讨论会上提供过一篇论文。在论文中我提到，未来人文科学里面最尖端、最重要、最艰难的领域就是现代西方理论同中国古代历史、中国古代文化的对话和交流关系。在海外，谈论古今对话的有很多，不过基本上局限在古典理论范围内，比如中西哲学对比、托马斯与中国古代思想家的对比等。这里，我强调现代西方理论，比如符号学完全是现代的理论，它和古典理论有着巨大的差别。

这个差别最重要的表现是在哲学方面。西方古典理论跟现代理论之间有一个巨大的非议，以20世纪初作为一个分界线。所谓现代西方理论，是指现代西方人文社会科学理论，它是各个学科内部理论的成就，这些理论成就并不完全依附于哲学。而西方古典理论是以哲学为中心的，不管是哪个学科，理论化的发展与提升，最后都归结为哲学。人文科学和社会科学理论的最高成就表现，就是一个哲学性的问题。

可惜的是，我们哲学专业受到传统哲学史的限制，从柏拉图哲学到现代哲学都是作为一个哲学史的整体系统来谈的，这跟现代人文科学各理论之间是不能够相互说明的。比如说语言学，特别是结构语言学，我们很多哲学家，理论能力很高，但对这一部分并不感兴趣。这种分歧就导致如果以传统的哲学理论来规范人文社会科学理论，就会产生很多假意，最终也不会被认可。

另外，就现在的人文科学来讲，现代西方理论有其重要性和特殊性，其解释能力远远超过哲学的解释能力，因此，也不能动辄将现代社会和人文学术的各种现象用某种哲学流派加以解释，这样的解释过于简单，如果没有完全了解各个学科的成就，就泛泛归纳为某种哲学解释，是会存在问题的。

提到现在西方人文理论的重要性，好的一面表现在，自战后解构主义运动发生以来，其最重要的特性是跨学科，摆脱了哲学中心主义，同时还开始关心利益的解释问题。虽然如此，但是西方人文科学的发展状况仍不佳。一方面，后现代主义成为人文科学的最主要潮流，它反对崇尚科学，反对追求真理，导致其研究缺乏规范性和目标性。更主要的原因跟我们整个社会状况有关，全球化、工业化的进程中，物质建设被当成第一位，相应地，支撑物质建设的自然科学和技术科学也变成了主导，而人文科学被挤到了边缘。另一方面，自然科学有迹可循，既有章法，又有效果，而且可以被验证；而人文科学恰恰相反，它没有统一的规范和明确的标准，所以其必要性和重要性屡屡遭受质疑。

那么人文科学是不是真的不重要呢？完全不是。人类关心的最基本的问题，如价值问题、信仰问题、对人生认识的问题，以及对人生意义的追求问题等，这些都跟人文科学有关。我们每个人在年轻时代都有各种浪漫的追求和美好的憧憬，这些怎么解答？需要一种知识，不是自然科学知识，而是人文科学知识。即使是在人文科学不景气的情况下，这些问题仍然继续存在着，乃至重新创造巨大的诱惑。

我们搞跨学科研究、搞符号学，在某种意义上就是要改善这种状况。跨学科是什么意思呢？就是要摆脱哲学中心主义，摆脱单一的教条。我们浙江有几十个流派，其中重要的流派有七八个，每个流派的想法都是不一样的，因此我们不能以某一个流派作为基础，然后对其他学派进行单一的提升。我们必须参考自然科学对社会科学的成功经验，参照它们的成功经验来改造和提升人文科学。这就要用到跨学科的理论和方法。在这种情况下，符号学为跨学科理论研究提供了一个平台。

中西方文化各有其发展系统，两者之间对话的重要性自不待言。特别是在西方后现代主义的宣导下，科学技术主导社会方向，造成对人文主义的排挤和挤压，而使得整个现代西方思想缺乏一种对人文科学和学术真理的追求态度，所以中西方文化的对话也面临着紧迫性。但是，这一对话，尤其是汉学界，究竟如何开展呢？当前汉学界的对话仅停留在一般的介绍性层面上，因为这个研究涉及中国语言和历史知识，汉语的艰涩和历史的久远，使得这一对话步履蹒跚。因此，汉学界真正要对话，中国面临一个巨大的责任，就是从语言和文化入手，促进理解力和现代化的双向互动。

浙东思想学派与史学

西方人对于价值观问题的处理很简单，即用宗教来解决；而宗教不需要讨论，宗教是一个信仰的贯通。以理性态度对待人类生存最重要的部分，就是价值信仰。而后现代主义理论持反科学的论调，摒弃理性，无法达至这个目的。如果按照后现代主义的方式走，似乎不是我们理想中的人文科学。自然科学的进步有一套客观的标准，遵循一定的发展规律，又充满生产力和解释力。理想中的人文科学也当如此，但是现在情况却恰恰相反。当前的人文科学缺乏科学性、逻辑性和理性判断，严重丧失了意见力、解释力和批判力，深陷危机边缘。

西方一些学者欠缺一种以学者为主体的志向，按照功利主义和实用主义的态度来推动人文科学、发展人文学术，最终会是一个泡沫。这样的研究仅是外在的表现，而不是学术内部的成功。中国的传统思想自孔孟传下来，在价值层面上追求客观真理，体悟内在之“道”。加之西方的解释学、现象学、符号学，甚至是解构主义理论的兴起，让我们认识到我们有必要对中国的古代思想、古代文化和古代信仰等各种思想体系进行一个现代化的解说和分离。比如宗教，它为什么在西方这么受重视？因为它与现代自然科学分开，信仰归信仰，科学归科学，而两者又可以结合在一起。西方人文传统的两个部分：宗教和科学，其中，宗教继承历史事实，解决人的价值问题。而中国上下五千年的历史没有中断，主要是历史主体思想——伦理思想的作用。所以说，在西方人眼中，我们是非宗教的。

现在，我们主要从《论语》、《孟子》这两部书来看它的基本思想，它的主要部分是人文主义和现实主义的，这与西方传统追求超越、超验不同，我们主要强调主体伦理的自主性。结合人文科学的改造需要来说，对学者个人主体力量的强调是非常必要的。如果按照现代西方社会的趋向去做，反对个人主观对客观标准的判断，那么必然是随波逐流。

孔孟之道主要体现在四书五经中，四书和五经因孔孟思想的不同而在内容上有所不同。五经是汉代建立起来的，唐宋以前都是以五经为主，南宋理学在对孔孟思想的回归中增加了四书的内容。这两者可以作为一个桥梁，把孔孟原点的精神在整个秦汉以来的政治设想和意识形态之间作了一个协调和沟通。明朝以后，发展出心学，产生王阳明与朱熹之间的分歧和辩论。王阳明看到朱熹总结出来的理学传统并不能格物致知，只靠学问并不能够建立起整个主体的伦理自主，王阳明的这一主张是向孔孟之道回归，但其玄学思想无关于国家大事，也无关于社会的改善；朱熹从儒家政治向度回归孔孟之道，直接面对现实的政治问题和历史问题，代表着一种务实、求实的精神。理学的这一主张引起学者对心学的批判。这个批判马上变为中国学术界的一个非议，就是玄学派和实学派的区分，这种区分在南宋时期很明显地发展起来。

浙东思想的渊源从相对于心学的玄虚中提出实学的要求，并且更多地体现在政治学方面，这是南宋时代的情况。到明代，从某种意义上讲，心学也是一种实学的回归。在朱熹那个时期，又提出了良知学，直接加到心学的技术上。这一办法最早是从孟子的人性论这方面演绎出来的。他们的成功之处在于，除文笔之优美，还引领着一代人的虔诚信念，所以说王学的成功是一种行为艺术，它通过文本的创造力和言语的改造力吸引着一批向往真理、向往真知、向往真诚的学人。

这种表现跟今天功利主义时代的学者心态是不一样的。王阳明及同辈人一生在想如何求真，如何在内心追求我们认为最有意义的东西。孔孟就是这样，特别是《论语》，字里行间都透露着用内心的真实对抗外界的利诱。理学在失去了王阳明的指导之后，发展并不成功，后来出现了很多问题。后来，刘宗周一代纠正了这个偏颇，更进一步强调两种倒空，倒空学问，倒空心学。空话、大话、虚话可以随便讲，但并非能与行为相结合，强调行动上的作为才是最重要的。明末清初时，学界有很多类似可歌可泣的现象，集合前面的理学和心学，从而创造出一个新方向，即历史学。史学把这两者结合在一起，追求新的历史学，而且其发展进一步规范化。一个读书人何以独自面对历史的演变，而承担起历史所赋予的责任？ 王阳明隐居山中埋头读书，然后出来继续传播学问，这背后定然有种巨大的精神力量，而我们很难在西方文化中看到这种精神力量。

史学研究亟待符号学

在我们广义的理解中，史学在人文科学里面是不受重视的，但是我在很多文章中，都把历史学当做最重要的学科。 未来中西思想沟通、发展之后，更是如此。 历史学是人类最为艰难、挑战性最大的部分，因为它较为混乱，而且是一次性的实践，很难有规律可循。 此外，它还涉及个人与社会的密切关系，如果不对它进行梳理和通透，我们就不能充分利用这个知识。

从这个角度来讲，明清时代的研究比较简陋，同现在不能相比，不过历史作为一个象征的存在，是人际关系在市场中的表现。 如果这一点把握不准，就很容易颠倒研究关系和研究方法，很容易将其作为一个超越性的神来研究，或作为一个超越性的逻辑来追求。 历史是经验内部的东西，它不是一个超验性的存在，超验的精神性追求不适合于历史研究领域。

西方的史学理论有一个非常重要的进展，其研究方法受到了社会学、人类学和心理学等学科的重要影响。 史学理论作为人文科学的认识论，集合了多种方法论。 史学是最综合的领域。 比如，文学是虚构的，不直接与社会现实相关；哲学也可以不与社会现实相关，它可以搞逻辑性的研究，也可以加入自己想象性的成分；只有史学，既可以有理论部分，又可以有现实部分，它不能脱离现实，而且必须用理论来研究真实的社会状态和真实的文化状态，因此，历史研究并不是历史故事的简单汇编，它执意于求理、求实。 不但是史学研究，其实所有的学科研究都应当追求现实、追求科学、追求真理，而且在追求这些东西的时候，我们需要有一种主观的持续状态。 每个人都会有理想、有抱负，与此同时也要持守抱负的真诚性。

浙东思想学派延续了中国传统文化的精髓。 如果说中国文化有几个高潮，那么浙东思想就是其中一个小高潮。 中国传统的东西必须从理论方面予以解释，这样才能使其科学化。理论研究主要包括文献研究，文献研究和理论研究是完全一体的，而文献研究需要用现代理论方法来指导。符号学是理论化的方法，从未来的理论学考虑，现在绝大多数学科都可以纳入到符号学的研究范围内，虽然这跟我们的认识不太相关，却是一个非常具体的问题。现在，我们的考古学上有很多考古遗产发现，可是我们没有常规研究，没有理论分析，而国外的考古杂志中都是理论分析，在这种情况下，现代理论与中国的传统文化有相合的地方。

在信息全球化、知识一体化的时代，中国古代文献史研究也要放眼世界。孔孟都在关心全天下的问题——当然我们不能按照当初的文本机械地去理解其所指，当今孔孟思想研究一定要跟我们的现实结合起来。一位现代儒家、一位现代儒士，一定要关心全世界的人，绝不能只局限于关心祖先所关注的问题。我们只有采取现代的方法和视角来分析古代典籍，才能真正实现古今对话，并以全人类学术成就作为自身的实践范围和学术目标，而不是故步自封、抱残守缺地守着儒学的历史典籍。因此，现代西方理论与中国古代思想的对话将成为一门显学，而理论化的符号学必定在其中发挥重大的作用。

| 问 | 请问您如何看待中国的人文科学发展，以及我们应如何发展中国的人文科学？

| 答 | 中国的人文科学刚刚起步，我们欠缺知识。我们的知识现在刚刚 30 年，但各种滞后的现象不只是 30 年的原因，也不只是 30 年前的 27 年的原因，甚至不只是 1949 年以前 50 年的原因。20 世纪 80 年代以来，中国教育发展参差不齐，在变革中步履前行，在这种不扎实的情况下，我们能够非常成功地走了 30 年，而且也取得一定成就，这已经很不错了。其实，西方文化的发展也差不多，都是在摸索中前行。

但是，人文科学总要跟我们的社会现实相结合，要对社会政治问题有一个高度适应性的研究，尤其是那些不能单纯用哲学理论来解决的问题，更需要人文科学的介入和研究。再者，当前社会问题和政治问题有各种形态，各类问题可以切分为社会、文化、历史、政治等不同层面来处理和解决，这样人文学科可以在问题中有所发展。此外，还要创造利于人文科学发展的社会条件和氛围，这个条件和氛围一是靠人文科学自身的发展来赢取，二是通过人文学者的主动努力来争取。

| 问 | 请问在人文主义和人文思想碰撞的时代，如何才能够突出自己的研究个性呢？

| 答 | 我们这里谈的是理念，不是像社会工程和设计之类能直接改变的东西。我只关心我能够关心的问题，这就是一个理念的表达。我们开办几届国际性大会，中国的人文科学就能突飞猛进吗？办不到！我们只能通过一次次大会呈现我们的系列问题，把握好今后研究的方向。这里，我们首先会遇到各个学科的权威，单个学科的权威在不同层面上排斥着跨学科的研究。这种情况下，我总想办点事情，但又总办不到，我所能做的就是不断地发现问题、提出问题和表达问题，让我们青年学子有机会看到问题的所在。如果连问题都搞不清楚，或者说我们的问题是混乱的，那么就会给研究增添很大的困难。特别是现在，世界学术非常混乱，想统一是很困难的。我们以为宗教的问题是一种时髦，是一种好的东西，可这个不是社会的需要，而是一个学术的需要。因此，如何深化我们的学术素养，我们的知识就是最大的关键点，我们应以这个作为我们的最高目标。宗教通过信仰达到这个目标，而我们人文学者要通过研究和分析的办法来达到，这实际上跟中国的思想和文化是一致的。

| 问 | 请问您如何看待人文科学和社会科学的区分和联系？

| 答 | 人文科学中有理论的部分，也有应用的部分，应用的部分跨到社会科学里面来了。以前谈的问题总是人文科学对精神的世界影响，今

天世界发展到了现在这样一个地步，绝对不是人文科学家、哲学家思想影响的结果。我们的历史是集合起来合力的一个结果。冷战之后，全世界都很看重物质建设，这个问题不是简单的理论可以解决的。最关键的问题就是，我们的经验研究跟“形而上学”的研究，以及超越的研究，这两个之间如何配合。这一点跟我是对立的，虽然我谈的是符号学理论，但这不等于排斥哲学。

博学与专精之争的历史考察

周勋初

周勋初 1929年生，上海南汇人。南京大学中文系教授，江苏省文史研究馆馆长，中国唐代文学学会顾问等。1954年毕业于南京大学中文系，主要研究方向为中国文学史、中国文学批评史、中国古典文献学，著有《韩非子札记》、《唐语林校证》、《唐人笔记小说考索》、《中国文学批评小史》等，主编《唐诗大辞典》、《李白研究》等。

我讲的题目是“博学与专精之争的历史考察”，我想把自己对这个问题的思考和大家交流一下。这里的这个“博学”与“专精”，不是讲怎么样广博化、怎么样专精化，而是要从历史的角度考察中国人对这些问题是如何思考、如何践履的。

博学与专精的历史争论

20世纪50年代的时候我们经历了大跃进等许多事情，读书很艰难。到了60年代又要整顿，中央提出个八字方针：“调整、巩固、充实、提高”，于是好多高校慢慢稳定下来，学生可以好好坐下来读书。当时我们的校长郭影秋提出要“坐下来，钻进去”，这就产生了到底应该怎么做学问的争论。

我记得当时《文汇报》上有两个老教授争得很厉害，一个是郭绍虞教授，一个是夏承焘教授。郭先生提出做学问要广博，夏先生提出来要专精，他们在《文汇报》上发了很多的文章，我们看了以后深受启发。夏承焘先生虽然讲要专精，但他的学问其实很广博，我们现在都知道他在词学领域的造诣是非常深的，但我记得他在考证唐代长安曲江池时画了一张图，考证得非常清晰，这让我佩服得不得了，可见夏先生虽然主要研究宋词，但是他对唐诗也是非常熟悉的。陈寅恪先生做《长恨歌》考证时在华清池下面加了一个注，就说这是夏承焘先生首先提出来，非常感谢他。郭绍虞先生在文学批评史研究领域首屈一指，文学批评史本身就是很广博的，从孔夫子到梁启超、王国维，各个时代的思想都要涉及，郭绍虞先生对这些都有研究，而且他还能进行语音文字方面的理解，所以我觉得郭绍虞先生确实很博学，他提出要博学是和他自己的学术研究有关的。可以说郭绍虞先生讲博确实很博，夏承焘先生讲专确实也很专，但是他们在博学与专精两个方面又都是兼而有之：专的人很博，博的人也很专，因此，博和专其实是相对的概念。

我的老师叫胡小石，郭先生的学问跟胡先生的学问，从博学的角度来讲，郭先生比不了胡先生，胡先生的学问那是真正的广博，尽管他留下来的文章不是很多。胡先生的知识面是很广的，各种学问都懂，而且他的记忆力也很好，我读书时他已经70岁了，眼睛不好，让学生帮助查文献，学生念一个字胡先生跟着就能背下来，胡先生的博闻强记真是让我佩服得五体投地。我想和胡先生的博学相比，郭先生不能称为博，还是相对比较专精。胡先生也有佩服的人，他最佩服的是沈植培。沈植培是嘉兴人，一代鸿儒。王国维一共佩服两个人，其中一个就是沈植培，陈寅恪提到沈植培也是佩服得不得了。但是沈先生这个人很奇怪，他从来不写任何东西，这牵扯到一个观念的问题。

中国人现在的观念跟过去的不一样，“古之学者为己，今之学者为人”。过去中国人的学问叫“为己之学”，认为学问是为自己而做的，是要丰富自己、提高自己的。但是现在人的学问是“为人之学”，你不为人，你的生活就无法维持；你不写文章，职称就无法评上去。过去中国人把“为己之学”放在第一位，认为学问用来丰富、提高自己的修养，沈植培先生就是这么一个人。胡先生提起沈植培说：“他的学问要是分几十块，拿出其中一块给我，我就受用不尽了。”我们很难想象沈先生的学问达到了什么程度，我们现在的教授和老一辈的学者相比差距真是太大了。胡先生总是给我们讲，沈先生小的时候父亲教他读书，每一本都要倒背如流，这样一直到他 70 岁的时候，引用的东西不用查就可以背出来。

学术史上的博学与专精

我们现代的学者和胡先生他们不能比，我们离开工具书就寸步难行。我经常想，这是什么原因造成的呢？以前中国人读书，像胡先生那样，是从四书或者五经入手的，先小学，再经学，然后子学，再然后史学，所以他们小时候主要是在经书上下工夫；而我们现在在经书的功夫，与古人有很大差距。

我想这跟整个中国的学术史有关。先秦诸子时期，百家争鸣，一个老师教一个学派。到了汉朝的时候，“罢黜百家、独尊儒术”，官方统一了经学。到了唐朝的时候实行科举，科举考试一定要考五经，并且是从里面抽出两句来，你要背出中间那几句话，所以必须从头到尾把书背得滚瓜烂熟。再到后来是考八股，是从一句话中抽出两个字，拼起来出一个题目，你要能够就这两个字写出一篇文章来，而且还要符合儒家根本的原理，因此那个时候的人也一定要把四书五经背得滚瓜烂熟。所以我们后来看到有人背《汉书》、背《资治通鉴》等，这都不奇怪。我们中国人是有“记中学”的传统的。比如顾炎武这个人，一流的大学问家，当时条件很艰苦，一天到晚在外流浪奔波，他就在马上背书，结果昏头昏脑地从马上跌下来。现代人几乎不可想象这些，胡先生也背书，但是胡先生成长在清朝末年，已经不是特别标准的了。

这里还有一个原因就是，中国过去的学问是综合性的，基本都是以几本经书为中心展开，所以大家集中精力读通一本经书就可以把所有学科的知识都学起来。比如说读《诗经》，孔子讲“多识于鸟兽草木之名”，就等于说我们现在讲的人文科学、自然科学都在这本书里面了。中国人古代的学问都讲究要博大，而且综合性的考虑比较多，从汉朝到清朝一直都有这个特点。明朝后期基督教进入中国，我们才发现洋人有好多知识都超过我们了，但是中国并不不买账，你看明朝末年、清朝初年的一些资料，经常是外国人发明一样东西中国人马上讲：这个东西我们老早就有了。甚至20世纪外国人已经发明飞机了，中国人还在讲：我们以前讲人像鸟一样从高山上飞下来，这就是飞机的雏形，只是可惜没有发展下去。清朝初年的康熙皇帝是个例外，他非常崇拜外国人，曾经非常认真地向传教士学拉丁文，当时中国的天文测算规则跟外国传教士的不一样，康熙就叫两方来比试一下，结果中国误差比洋人大，这说明当时中国的天文学已经落后于西方了。但是中国人依然不买账，一直到了清朝末年鸦片战争、中法战争，特别是中日甲午战争，这对中国刺激太大了。中国人过去总认为日本是蛮夷小邦，汉朝就开始向中国朝贡，日本对中国也一直都很恭敬，但甲午战争中国却被日本打败了。这时中国人才开始认识到，外国的坚船利炮确实比中国强，我们应该向西方学习，于是那个时候派了很多留学生到日本、到欧美去学习。翻开清朝末年的文献资料，那时到外国留学的人跟我们20世纪80年代差不多，许多士大夫比如陈三立的子女，都到国外去留学，这些留学生对中国影响特别大，可以说是改变了中国的面貌。

除了出国留学以外，中国人还废除科举制度、创办新式学堂。甲午战争以后开始办新学堂，结果学堂还没有办好八国联军就打进来了。

那时有个办学堂的人叫许景澄，我们读近代史的时候都骂这个人是汉奸，因为他与袁昶反对与八国联军作战，他晓得中国和外国差距大得不得了，因此坚决主张不能打，结果后来被慈禧太后杀掉了。但我觉得中国士大夫当中最了不起的就是这批人，他们是能真正践履道义要求的读书人。

清朝末年京师大学堂是由吴汝纶主持的，他听取了很多外国人的意见，其中有一个美国人说你们中国人的学问是综合的，老是混在一起，现在一定要分科教育，比如物理学是物理学、化学是化学。所以中国人办新式学堂实行分科教育，京师大学堂就分 7 个科目。谭嗣同到北京以后，吴汝纶又请他提意见，谭嗣同说你们要加一个经学，因为经学是我们中国的根本，所以 7 个科目变成了 8 个。中国实行分科教育以后，老的观念慢慢地就改变了，大家做学问开始讲究专精了。到了民国的时候，科目划分就更细了，但是那个时候的人文科学还是占很大的优势，所以当时梁启超就讲知识要广博、学问要博大，后来越分越细，受欧美影响越来越深，也就越来越提倡专精了，这也是所谓的西学东渐的一个部分。

但我觉得，西学东渐最厉害的一个部分来自苏联。新中国成立以后，我们不讲西学东渐，但其实也在西学东渐，因为苏联也是西方，马克思、恩格斯都是西方人。我读大学的时候更是专精得不得了，比新中国成立之前还要细，因为苏联的教学体系就是划分得很细的。苏联的大学分为理工科，理科要跟文科合并成综合性大学，比如南京大学过去叫中央大学，中央大学解放前有 8 个学院、43 个系，是当时全国教育体制中最完整的大学了。新中国成立以后，南京大学完全被分化掉，文科只有中文、历史、外语三个系。改革开放以后，新的体系出来了，我们发现苏联体系不如欧美，因为欧美的理论体系和实践体系可以综合在一起互相渗透，很多学问都是互相交叉的，因此我们现在又要把分开来的学科融合在一起。

治学之道——从博学与专精看起

现在很多高校的老师，一辈子就教一个朝代、一个人物，比如研究李白的一辈子教李白，研究杜甫的就一辈子教杜甫，研究《文心雕龙》的一辈子教《文心雕龙》。我参加过好多学会，发现这些老师确实下过一番工夫，但是真正能写得出好文章的人不多。好的作家、好的作品都是比较出来的。比如说最近几年我一直做李白的研究，李白这个人到底有什么特点？这个问题需要比较才能回答。盛唐诗人李白、杜甫、王昌龄等彼此之间都是朋友，如果真正要做研究的话，最好的办法就是比较李白跟他附近的几个朋友，看看他们的不同，然后再进一步研究这些不同的来源。学科分得太细，会影响研究的水平。

我认为在做学问的时候，首先要把博学和专精的关系处理好。虽然我们现在很难达到古人那样博学，但是基本的书籍一定要读通。中国近代研究哲学的人中，冯友兰先生的水平是很高的，据他的学生说，冯先生一年当中有两本书是一定是要复习的，一本是《孟子》，另一本是《庄子》，中国人过去把这叫做“温故而知新”。真正做学问的人，必须在基本的书上下工夫，不能光要求速度快。我跟胡先生做研究生的时候，他说学《楚辞》三本书一定要读，一本是王逸的《楚辞注》，一本是朱熹的《楚辞集注》，还有一本是戴震的《屈原赋注》，这三本书一本代表汉学，一本代表宋明理学，一本代表朴学，各有长处。

胡先生在两江师范学堂学习的时候，学校请了很多日本的一流学者来讲学，因此胡先生懂日文，他讲《九歌》吸收了很多日本人的研究成果，他讲中国古代的神分三种：天神、地祇、人鬼。天神包括太阳、月亮、星，这个全国各地都可以祭祀；人鬼，比如岳飞、关公，也是都可以祭祀的；地祇就是地方神，这是有地方性的。胡先生举了个例子，说妈祖只有在福建才有人祭，北方人是不祭的，这跟地方风俗及历史有关。我30岁时写《〈九歌〉新考》，那时候思想活跃，写出来的文章也很有锐气。我在里面对胡先生的研究补充了一条，考证认为楚国位于现在的淮水流域，而不是黄河流域，并认为闻一多、郭沫若讲的都不对。我一直认为，做学问既需要有独创性，还应该依靠其他一些学问，比如宗教学、民族学、人类学等。

再有一个例子是，我写了一本《李白评传》，里面的李白或许跟大家通常认为的李白不太一样。我关注到李白这个人有不同于常人的文化背景。李白在5岁的时候，其家从西域安西大都护府的碎叶迁到四川，因此我认为他受羌戎和南蛮文化的影响很深。我们可以看到李白的有些行为是跟中国传统完全不一样的。比如，李白的一个朋友去世以后，他埋葬了那个朋友，一年以后挖开坟墓一看，尸体已经腐烂了，李白很伤心，拿起刀把朋友的骨头剔掉了。中国人是绝对不会做这种事情的，高适、王昌龄没有一个人会这样做，以前的中国人甚至连胡子都不刮、头发都不剃，这叫做“身体发肤，受之父母”。李白对待死人、葬礼的态度异于传统中国文化习俗，中国最早讲葬法的文章是墨子的《节丧》篇，墨子在这篇文章中反对儒家的厚葬。儒家讲究孝敬父母，所以父母死后要享受跟活人一样的待遇，而且汉朝人信奉天人合一，所以汉墓是很豪华的。儒家还讲父母亲死了以后儿子要守丧3年，这个主张跟人的感情有关，所以在感情上很难打倒儒家。但是墨子的东西也有道理，事实上他反映的是少数民族的葬法，羌人到现在还是火葬，我认为这又和道教有关系，因为火葬的时候是把人化成烟的，道教里面讲成仙就是这么个升天的过程。羌人的生活区域在北方，道教就产生在羌人和四川的交界处，而李白就住在这个地方，并且李白还是一个虔诚的道教徒。李白给朋友剔骨头，这在少数民族看来是二次捡骨葬、剔骨葬，它也是有自己的理由的。李白还喜欢跟人家打架，中国过去的文人是不太崇尚武力的，因此我认为这都是他受南蛮文化、羌戎文化的表现。

所以，我自己的研究体会是我们做学问还是要讲博学的，因为学问的东西触类旁通，没有广阔的知识面是旁通不起来的。当然专精也是有必要的，我们应该在博学的基础上突破一点。就治学方法来讲，博学和专精的关系一定要处理好，一个人要把专业书的70%泛读、30%精读，精读的书要翻来覆去地读。过去碰到好多人说自己读的书太少，这不是根本问题。只要能读书得法、有所突破，就一定可以有所成就。

｜问｜您刚才说要从文献下手，采取比较的方法来研究，从文献下手实际上是一种专精的方法，而比较方法则是从博学角度提出的，那么这两个很具体的关系我们应该怎么样处理？

｜**答**｜过去南京大学有一位老教授提出，要把文献学与文学结合起来，但首先把文献学放在第一位。我们也的确是根据这个目标来培养学生的。但是后来情况有所转变，培养人首先是从理论出发，要学习马克思列宁主义、毛泽东思想，要讲大道理。做学问采纳一些基本的思维观念、观点作为参照和依据当然是好的，但是我认为我们应该从文献、从材料出发，不能空讲。现在好多学者都只注重理论，文章看上去写得很漂亮，但是具体看下去就会发现很多毛病。如果从文献出发，归纳不好、提炼不好，人家不会讲你胡说八道，因为有材料依据。所以，我觉得做研究首先要从文献出发。比如说研究李白，首先就应该把李白的文献资料掌握好，要弄清楚他的生平、时代背景，等等。现在有些人完全从理论出发，国外某一种理论来了以后，就马上把中国的材料硬搬上去，这种做学问的方式不一定会很理想。

｜问｜关于中国的古书，比如先秦诸子的《论语》、《孟子》这些，不同的学者有不同的立场，形成了不同的观点，现在大家的研究都比较注重它们生成、发生的过程，周先生对此有什么看法？

｜**答**｜我喜欢读诸子的文章，我觉得中国人中最了不起就是先秦诸子。在先秦诸子中，我只对韩非子下过工夫，因为“文革”的时候我脱产研究法家著作，写了一本《〈韩非子〉札记》。那个时候读韩非子是很有趣的，每天什么事情也不做，一天到晚读韩非子，读了以后做札记，力求写得有新意。这本书出来以后，日本东京大学的一位法学教授在美国看到了，专门跑到中国来找我。还有马来西亚大学一个系主任，以及台湾的学者等，他们看到这个书以后，也来向我请教。因为他们哲学系分工太细，而我这个书实际上不完全是讲理论，里面涉及了很多历史、文学的东西。王力先生讲先秦诸子的时候说韩非子主张用人唯贤，这不对，因为韩非子认为法是最重要的，用不用贤，一律用法来衡量。王力先生学问大得不得了，但是他讲韩非用人唯贤，说明对先秦诸子的学派原理没有搞清，因此我觉得我们应该对先秦诸子下点工夫。其他诸子的书我不敢多谈，因为对他们没有下过工夫，而且现在出土了很多文献资料，我也没有好好读，所以不敢讲。

| 问 | 周先生，您刚才提到李白有非汉族文化的特点，但是我们知道唐代的整个文化都有非汉族的特征，比如女性穿着比较暴露，从这个角度来讲，能不能说李白的这种非汉族特点本来就存在于唐王朝当中了？

| 答 | 唐朝是中国历史上最辉煌的朝代，一个原因是唐朝社会的开放性，可以说中国历史上最开放的就是唐朝了。现在还有人在争论唐朝皇族是不是少数民族，所以我也说李白的这种个性跟他的时代背景是有关的。唐朝人比较开放，民族之间的界限不明显，而且唐政府并不管你这个人是不是少数民族，甚至外国人都可以在政府做官，比如日本人晁衡就在唐朝做官。李白能够产生在唐朝，一方面体现了唐朝开放社会的特点，一方面也可以说他的这种特点本来就存在于唐王朝当中了，他不可能产生在宋朝，也不可能产生在明朝。所以我们要把握好时代的背景，每一个时代的知识分子都是不一样的。

中国社会科学的发展与学术规范化运动

邓正来

邓正来 1956年生于上海。复旦大学教授，复旦大学社会科学高等研究院院长、当代中国研究中心主任。1985年北京外交学院硕士毕业，创办并主编《中国社会科学季刊》和《中国书评》。研究领域为社会科学与知识社会学，侧重政治哲学与法律哲学研究，著有《国家与社会：中国市民社会研究》、《学术与自主：中国社会科学研究》、《哈耶克法律哲学的研究》、《谁之全球化？何种法哲学？》等。

今天我要讲的内容，是中国社会科学的发展和学术规范化运动之间的关系问题，并针对此问题展开讨论。我将从中国社会科学学术规范化的整个进程及其任务来讲述，主要包括三个部分：第一部分是为什么要讲这个问题；第二部分是规范化运动的第一个阶段及其任务；第三部分讲一下规范化运动的第二个阶段及其任务。

中国语境下的社会科学发展及其学术规范化运动

我讲中国社会科学的发展和学术规范化运动，其实有三个原因：

第一个原因，是中国社会科学严格地讲完全是舶来品。如果说中国人文科学或者社会科学有学术传统的话，那么作出最主要贡献的应该是洛克菲勒基金会。早在20世纪30年代，这个基金会就给中国提供资助，早年资助的是协和医院，但后来发现这种资助方式不成功，因为更重要的不是身体健康，而是人文精神、社会科学研究的问题。所以，后来就制定有关中国社会科学发展的“中国计划”，这是后来我们所知道的“燕京学派”，也就是当年吴文藻先生和他的弟子费孝通先生等一批社会科学者做中国研究的开始；另一学派是南开的工经系，当时也做得非常有成就。所以严格地说，中国社会科学完全是舶来品。在这种知识发展移植的过程中，我们不知道社会科学生产和再生产的规范。我们把功能学派等思想引进来，但我们并不知道这些知识是怎样生产和再生产的。我们完全是从无到有，不论是我们的问题、我们的理论，还是我们的概念工具、分析框架等，都是从无到有。非常有意思的是：我最近在浙江开哲学会议，会中有人讲了几个非常有意思的现象，比如说社会——society，我们翻译以后，“社会”这两个字原来的含义就没有了，完全变成了译名。现在社会科学当中这样的词很多，只要讲社会科学，我们基本上就知道这些词。中国原来的词也没有了，都成译名了，或者是我们杜撰出来的词。自由主义理论、保守主义理论、共和主义理论……哪一种理论是我们自己的？在中国没有我们自己的东西，这是中国社会科学发展到今天的基本现状，即：从无到有，使得我们所有的问题、理论、观点、概念工具、分析框架等都是从外舶来。这是我们必须认真面对的。正是要面对中国社会科学发展的这个特征，我觉得我要谈谈这个问题。

第二个原因，是中国社会科学界利益的形成、精英的形成。1978年以后，高校开始恢复招生，社会科学重新开始了发展进程。当时主要有四批精英，一批精英出国了，一批精英随着改革开放进入政府体制，还有一批精英下海了，最后一批精英留在了高校或者研究机构。这最后一批精英经过时间(主要是经过自然时间，而不是其他)到了今天成为了校长、院长、主编、学科带头人等，这批精英开始掌控中国社会科学的发展。于是，这些人靠他们这二三十年所谓的研究而形成其利益。现在我们能不能触动这个东西？能不能触动他们从无到有形成的社会科学理论和知识本身进行颠覆性的讨论、反思和批判？这是一个非常重要的关口，因为这些人都有权有势。请问在座的学生，你们敢不敢当面批评你们的老师？你们可以批评邓正来，但是也许你们不敢批评你们的老师，除非你不想毕业。你们敢不敢批评你们的校长、院长？你们不敢。当然，我讲的批评不是乱批评，而是严肃的学术讨论。这是中国社会科学发展的一个非常重要的关口，也是我为什么讲这个问题的第二点原因。

第三个原因，我在1998年开始学术“闭关”，直到2003年，5年之间坚守三条原则：不参加任何国际性的学术会议、活动，不参加任何国内学术界的活动，不接受任何刊物和报纸媒体的约稿，潜心在家里看书。这个5年非常有意义！我在1998年“闭关”的时候，中国的学术界还不大会培养博士生，严格地讲，不会整体性、结构性地培养；另外也不大会培养硕士生，项目评价制度的程序不知道，评奖制度不知道，答辩的整个程序也不知道；5年之后，他们全都学会了。什么意思？体制化、制度化了。你不得不相信：在5年那么短的时间内，他们全都学会了，比如说导师应该怎么选、教授该怎么评、奖金该怎么发、引证率该怎么评。我觉得最让我惊讶的是，有人对我说：邓先生，你是中国法学学术界引证率第一名，你比第二名梁慧星先生超出一倍还多。我说我不知道这个事情，他们说他们现在完全有能力知道这个事情，他们现在什么都知道，什么都有了，程序化、制度化，简直不敢相信！而且最重要的是：这些制度方面的建构和所有知识生产者的日常生活关联在一起，涉及你能拿多少钱，涉及你可不可能享受到某种待遇，你能不能买得起某种住房，你的孩子能不能受到最好的教育，全部都是关联在一起的。这是第三个原因，从无到有再到制度化，让你感到非常惊讶！

中国社会科学规范化运动的第一个阶段及其任务

第一个阶段大约是在1990—2003年。在这个阶段，我们所面对的问题是什么？

第一个问题，是形式规范问题。各位可以去检索一下，大概在1995—1996年以前，中国的学术刊物，包括《中国社会科学季刊》在内，比如《哲学研究》、《历史研究》、《法学研究》，都不知道注释，很多论文都没有注释，这些研究好像都是从石头缝里蹦出来的。他们假设学术研究是没有传统的，是拍拍脑门、关着门就可以想出来的，所以没有注释，不知道参考文献，这些形式上的规范都不知道。如果有注释的话，一般都是马克思主义、邓小平理论，大概就是这些东西，没有其他的，让你完全惊讶知识竟可以这么生产！这是第一个形式规范问题。

第二个问题，是评价程序问题。1995年以前我们不知道评价程序，不知道评议不应是外人而应是同行评议。学术研究最大的特点就是要得到同行的承认，而不是得到外行人的承认，外行人的承认和掌声对你来说是没有意义的。但你看看当时我们中国的学术界，听了外行的掌声很高兴，却不知道同行评议。此外，我们也不知道匿名评审。我们的学术刊物不知道匿名评审，没听说过，这是非常有意思的现象。

第三个问题，就是剽窃、抄袭，引用了别人的东西不去注释。有一本叫《南极政治与法律》的书很有意思，是中国海洋局的局长和南极考察队第一任领队两人一起写的，出版之后送我一本。我看了很惊讶，感觉这本书我好像看到过，怎么会是他们写的呢？但又想不起来在哪看过。后来我到书架上查原著，原来这本书是澳大利亚的一位学者写的，叫《南极法律与政治》，我还不太相信，之后又去查证。最后发现连注释、章节目录都是一样的，只是前面加了个导言，后面加了个结尾。他把人家的书翻译过来，翻译得还很差，最后竟然变成自己写的了！ 像这样的事情几乎每天都会发生，至于那种剽窃、抄袭就更多。最可怕的是项目，国家社会科学基金的项目、教育部的项目，一个项目少则几万，多则几十万，如果这些项目被查出来是剽窃、抄袭，这些钱该不该退？ 你拿的是纳税人的钱！

第四个问题，是如何建构学术的内在规范，也就是知识从内在的角度如何生产、再生产，如何确保中国学术自主性的问题。 大约在1990—2003年之间，我们取得了很大的成就，特别是当时有几个民间的学术刊物影响非常大，比如《学人》杂志，他们的主编有三个人，被我们叫做“学人三巨头”，两个是北大的陈平原先生、王守常先生，还有一个是清华的汪晖先生，他们当时搞学术史研究时，提出了学术规范问题。 第二个民间学术刊物是我主编的《中国社会科学季刊》和《中国书评》。 我们的刊物介入以后，完全是结构性的变化。 我们当时还派专人来讨论问题，栏目的名称就叫“中国学术规范化与本土化”。 在当今人文社会科学界，可以说最好的学者在当时基本上都参加了那场讨论。那场讨论也可以说是中国社会科学发展史上我们第一次直面学术规范（我们到底要不要规范？ 要什么规范？ 为什么我们要规范），并对这一系列问题展开讨论。 最终的贡献，第一个是匿名评审，因为我们在《中国社会科学季刊》上搞了匿名评审制度之后，到今天就可以看到很多刊物上都标明是匿名评审。 尽管有些不是匿名评审也会标名匿名评审，但这至少说明了匿名评审的重要性，另外很多大奖的获得也都是通过匿名评审的。 第二个重要的贡献是，我们用了非常大的力量打击相当数量的学术剽窃、抄袭现象。 我们知道，剽窃、抄袭是违背知识生产最基本的规范的。 这两大贡献对中国社会科学的发展起到了巨大作用。

我这里想特别强调一下中国社会科学的自主性问题。 我们从1993年就开始讨论，中国社会科学发展到今天为什么没有出现哲学学派。举个例子，在2004年，我去巴西参加一个由巴西总统召集的关于发展理论的学术访问会，参加会议的都是“依附理论”的代表人物，都非常有名。 我和这帮人在一起时感觉很汗颜：为什么整个世界发展理论研究，没有中国人的声音？ 而中国恰恰是最大的发展中国家。 在西方为什么有这么多的哲学学派出现，而中国没有？ 当时有一个非常大的解释：中国的社会科学发展之所以没有成就，是因为中国意识形态管得太严。但我经过研究发现不是这么回事，比如东欧，当时在苏联的集权控制下依然产生了非常多的科学家，都非常优秀，社会科学研究也极其精彩；拉美在军政权统治下照样产生了“依附理论”。但中国却没有出现这样的情形。中国改革开放以后环境其实相当宽松，怎么会是意识形态在支配呢？法国著名哲学家皮埃尔·布迪厄通过研究，发现意识形态支配的有效性取决于我们对它的承认，责任不只是在于意识形态，还在于我们和意识形态的“共谋”。按照布迪厄的理论，人类日常生活中有几个场域：学术场域、政治场域、经济场域和日常生活场域，每一个场域都是严格按照它自己的逻辑在进行生产。也就是说在学术场域，生产知识不能按照经济利益最大化的逻辑去生产，不能按照唯数量化的标准评价——因为学术产量多并不等于学术水平就高。但是中国的学术场域很有意思：它不是按照学术逻辑生产的，而是按经济、政治和日常生活的逻辑来生产，所以它没有自主性。

以上是国内向度问题，还有更多的国际向度问题，比如说，如何面对西方的文化霸权和知识霸权。这是中国在世界结构下必须面对的问题。关于“世界结构”，大家可以去阅读我的《中国法学向何处去》。那里面有较为详细的讨论，我在这里就不展开了。

中国社会科学规范化运动的第二个阶段及其任务

第二个阶段在 2003 年之后，制度化的完成使我们之前面对的问题，出现了一个非常重要的转变。

过去是没有知识生产机器的，现在有了知识生产机器，而且这台机器搞得越来越漂亮，非常厉害。北大搞改革的改革派张维迎、李强这些人来问我：邓先生，我们的改革有没有道理？陈平原、钱理群这批人反对我们。我说我不管你改不改，我只告诉你们一个基本的看法：你们想改革，可是你们知不知道你们这台机器是干什么的？你们现在的改革无非就是把它的效益提高得快，外表伪造得好，垃圾产生得多。你现在把它搞得那么漂亮，搞得那么快，那么有效率，到最后垃圾生产得也会越来越多。你首先要搞清楚这台知识生产机器的性质是什么，如果你搞不清楚，无论你怎么改，你只会使它更具有合法性，更加掩饰这台机器生产垃圾的数量。

由于这台知识机器的形成，我们所面对的问题，比如抄袭、剽窃就不再是过去的抄袭、剽窃了。现在的抄袭、剽窃是更厉害了，不仅是教授抄，博士生、硕士生抄，本科生写论文也要抄。现在很怪：很多重点大学都规定博士生、硕士生在答辩之前要发表多少篇论文。你们想想：硕士生写论文做什么用？你明明知道他写出来的没什么价值，你非要他写出来干什么？这种数量对学术研究来讲是没有意义的。你们要记住：这是台机器，我们很多的优秀学者没有办法，他们在学术生产制度这台机器当中，这台机器让我们必须这么去运转，它高效地运转，你不转你就出局，别人当教授，你就当不上，非常恐怖。所以现在的抄袭、剽窃是我们这台机器的内在要求。两年制的硕士生，一年的课程，学法学的要司法考试，想当公务员的要公务员考试，同时还要写硕士论文，论文到哪里去发表？只能花钱买版面。没有钱怎么办？我不知道你们最近看到过一个报道没有：我们的硕士生在卖血呀！我们很多贫穷的子弟们，他们在干什么？卖血！为了什么？就为了那个根本没有意义的数字！这些论文他自己根本不敢给别人看，他的导师也不会向任何人推荐，学校也不会展示，就这么个数字，有什么意思！这就是我们这台机器做的事，所以现在的抄袭、剽窃是不一样的。

我们这台机器诞生以后，中国社会科学当中出现的问题，我把它叫做“制度化的学术腐败”，最明显的是官学交易、卖文凭。20 世纪末到 21 世纪初，去清点一下博士生，其中有多少是官员？又有多少杂志在卖版面，多少次考试搞交易？现在考试交易已经没办法抓了，除非你不让我进考场。只要你能让我进考场，我就能当这个枪手，这个已经相当普遍了。还有项目交易，你评我这个项目，我给你另外一个项目，都是交易，甚至在论文答辩中也搞交易。这背后是什么？这是我们必须真正面对的。

因此在第二个阶段除了要继续打击抄袭、剽窃，继续推进形式规范的应用和自主性运动外，最核心的任务就是要对这一台知识生产机器进行反思和批判。如果不进行反思和批判，后果不堪设想。大学的老师都知道教育部的教学评估，你说哪有这样的评估？你走到哪个学校都是倒计时，有些学校800多天就开始倒计时，做假要做3年。好不容易喘口气，教学评估又要来了，又要开始做假了。你说这是真搞评估吗？为什么就不明确规定哪几项考核是不要准备的，抽查就可以？多简单的事情，老师好好教学，领导好好管理。某大学校长告诉我，过去的考卷没有了，现在要补上怎么办？纸是新的你不能写呀，于是拿高压锅蒸，蒸到纸发黄变旧，他说这样就可以用了。你们不要笑，大学当老师的都知道做假怎么做：重新填表格、重新填数字。我的意思是说：如果不认真对付这台机器，它会把所有的东西都卷进去。我们的教师，真正的学术中坚力量，中国社会科学发展的中坚力量，却不能有时间去做学问，不能有精力做学问。今天填这个表格，明天填那个表格，哪里有心思在学问上？但是老师为什么要做假？原因很简单：你不做假，你就不“优秀”，给你的钱就少，你就评不上什么东西，什么“211”、“985”，花样多了！没有钱你怎么办？跟你利益相关的，就要把你圈进去。所以无论如何要对这台知识生产机器本身进行认真的反思和批判。

《中国书评》从2004年开始复刊之后开了一个栏目，叫“知识生产机器的反思与批判”，就是要对这台机器本身进行讨论。我们到底要一台怎样的知识生产机器？尤其是对大学，这些指标有什么用？能不能出几个真正像样的学生，出几个像样的学者，出几篇像样的论文？所以第二阶段的任务非常艰巨，因为这台机器太牢固，这一定要引起我们的高度重视。无论是作为老师也好，作为学生也好，中国社会科学发展的最后一个堡垒——教育的堡垒早晚会被攻破，而攻破的结果是什么？就是要按照学术生产自身的逻辑——自主性的逻辑来组织知识生产。

最后我想强调两点。第一点，中国社会科学在整体上的发展还是健康的，严格地讲是在往良性的角度上发展。为什么呢？至少像我这样的言论能够在大学里讲，能够有地方专门出版。这是很健康的一种力量，而且整体的绝大多数都是健康的。刚才讲的学术不正常的现象、腐败的现象，毕竟还不是多数，但是我们一定要记住，这个现象是非常恐怖的。第二点，学术规范化的目的，我们不仅仅要克服各种各样的伤害学术生产的现象、做法，或者叫“去弊”，更重要的是如何使我们的学术制度能够真正地激励上乘、优秀的学术作品的产生，使我们的学生当中真的能够有那么一种爱智的氛围出现，使这种爱智的学生（而不是学生干部）能够走上前台。现在的学生干部很活跃，学习一塌糊涂，掌握一些资源，活跃得不得了，跟老师拍马屁，搞得关系很熟，这是不对的。大学是干什么的？你们一定要记住：大学这个词来源于universal——普世的，大学从11世纪开始，从意大利开始，任何国籍的人都可以去那里讨论学术问题、知识问题，所以它叫university。所以，现在的学生不应搞活动、搞表演，大学是一个爱智的、搞学术的场域。能够对社会进行反思和批判，这才是真正的大学意义之所在。因此，学术规范化的目的应该是产生能够真正激励学术发展、激励起学术力量的一种学术规范制度和学术知识生产机器。

｜问｜假如我们脱离了您所说的那台学术机器，那么我们的评价标准从何而来？

｜**答**｜这是一个体制性的问题。但这个问题的提出能成为对这台机器进行反思批判的理由。我们这样的制度安排到底带来了什么样的弊病？我们知道这样的弊病以后，我们可不可以先把这些弊病去掉？在这样的体制下，我们的大学能不能教会我们学生做人、做学术的最基本的品格？这些是很重要的问题。现在是我们都要评，都要竞争。可是为什么不能去反向地思考呢？我们恰恰要反向思考真正的学术品格。我们的学术品格是什么？十年磨一剑！大学不是简单的施教，而是要培养你的学术品格。学问做到最后就两个字：限度。你知道你在干什么，你生怕越雷池一步，说了不该说的话，说了胡说的话，说了没有严格论证的话，这就是限度。你去看任何大师的作品，他开篇就告诉你本书只讨论什么问题。不是说其他的问题他不知道，而是他只能讨论这个问题，并且在什么意义上讨论。所以，我认为一个大学应该从如何培养学术品格这个角度去考虑它的评价标准。

| **问** | **中国作为一个文化大国如何面对西方的文化霸权和学术霸权？**

| **答** | 我所谓的“西方的霸权”，不是西方的理论本身构成的霸权，而是中国的学者在这个理论转化过程中把它变成了终极性的“理想图景”和目标，是我们自己建构了这种霸权。我讲的“自主性”不是说西方理论里有某种制约性的东西，而是中国某些学者在中国学术自己的生产和再生产中存在“共谋”，这种共谋建构起了某种霸权性的东西。这样做的结果便是丢掉了我们的未来，甚至失去了我们对未来的想象力。大家要注意，所有西方的东西都不是终极性的，都必须在实践中不断地改变和修正，但现在就是这些东西成了我们的未来，所以我们不可能有自己的想法，不可能有自己的未来。在这个意义上，这些东西成了我们的霸权。

生活的儒学

龚鹏程

龚鹏程 1956年生于台北，祖籍江西吉安。北京师范大学特聘教授，历任北京大学、清华大学等校客座教授。台湾师范大学国文系研究所博士，其研究领域涉及中国文学、中国史学、中国哲学、中国宗教等。著有《游的精神文化史论》、《中国文人阶层史论》、《汉代思潮》、《近代思想与人物》等。

各位朋友，我比较喜欢用传统的方法来讲问题，所以我想举个小例子，来说明我今天要讲的主题——“生活的儒学”。

生活儒学与哲学儒学

我在台湾办南华大学的时候，有十来个学科，其中有一个很特别的叫生死学。什么叫做生死学？我们每个人都会面临死亡问题，生死学其实就是现代社会新的哲学系，但是和传统的哲学系不同，我们除了谈东西方文化如何处理生死问题等理论问题之外，还希望解决当代人面临的困扰。比如我们现在得绝症的人很多，这些人知道自己要死了，心里很难受，对他心理的治疗就非常重要，那么就需要有一套安宁照顾、临终关怀的系统帮助他安安稳稳地上路。此外还有对家属悲伤的处理、对自杀的预防，等等，这些都可以通过生死学来考虑并解决。我们生死学这个学科办得很新颖、很活泼、很受大家的认可，不久就声名鹊起。

结果，就有一些棺材店、殡仪馆的人来找我，问我可不可以帮他们也开一些课，甚至成立一个研究所。他们说你们办教育的人，应该针对我们社会的需要来办学。我们知道，一个社会有多少出生率就有多少死亡率，丧葬在台湾是非常大的产业，但也是我们平常都避讳的行业，结果等到家里有人去世了，我们却根本不清楚到底该怎么办，只能花冤枉钱、花了自己又不舒服，政府也不来管理，于是这个行业就很混乱，从业人员也没有职业尊严，觉得社会都看不起他们。于是我们设计了一些课程，运用佛教、道教的理论和仪式帮他们设计课程，里面还有一些关于尸体化妆、尸体处理的特殊技术培训，这些人培训完之后挂上了我们的培训证书，对他们的形象也是一种提升。我自己还帮台北市政府写过一本小册子《市民通用丧葬手册》，发给老百姓教他们怎么进行丧葬。但是，这个丧葬仪式不是很简单的吗？它跟儒学又有什么关系？

我们知道，儒学是个很难讲的话题，我先从孔子开始回溯一下儒学的传统。孔子删诗书、定礼乐，儒家大概是先秦九流十家中最具有知识化传统的一家了。《论语》第一句就是“学而时习之”，“学”当然有很多的含义，但最基本的就是读书，因此儒家特别强调整理文献、阅读经典，儒家也因此成为我们整个文化的中坚。到了秦代以后，儒家知识化的传统越来越突出，秦始皇焚书坑儒把经典都毁了，汉人就从考订文字、整理篇章开始慢慢发展出一套整理文献的基本方法，这事实上建立了中国知识化传统的一个基本典范。汉代儒家还建立了一套相关的教育制度，这就是博士制度。所以儒家虽然有很多面向，但是知识化的传统却是最突出的，它对整个中国的教育、整个中国的学术传统都具有决定性的影响，特别是这个教育体系还和人才的选拔结合在一起。这样的传统到了清朝被格外强化，乾嘉时期的朴学其实就是讲汉学，就是把汉人的这一套变成方法学。到了近代，虽然五四运动看起来是要"打倒孔家店"，但是大家请注意，五四运动里面所谈到的"整理国故"其实是利用西方科学改造乾嘉朴学，是朴学更进一步的知识化，是把逻辑学、伦理学、形象学等加进来，变成我们现在用来解释中国传统文化的框架。这是在知识化的传承系统之外再加上了西方体系化、知识化、抽象化、概念化的哲学。

这样一个知识化的传统当然会受到一些人批评，比如新儒家的熊十力、牟宗三、唐君毅、徐复观、钱穆等，他们对这个思路和方法是有批评、有反省的。牟宗三先生写过一本书叫做《生命的学问》，他说儒家讲的这些东西不是一个客观化、外在化的一套知识，而是要解决我们每个人生命的问题。这个完全外在化、客观化、知识化的学问不是儒家应该走的一条路，儒家的学问应该是面对我们具体的生命问题提供一些解答，所以说"学以养心"，学习是用来安身立命的。牟先生讲生命的学问是掌握到儒学真正的精神之所在了。但是新儒家也是自相矛盾的，为什么？熊十力先生一开始要讲的道理非常简单，但他用的却是佛教唯识学的体系，这个体系最核心的部分跟儒家不一样，所以先要改造这个体系，因此他的学说比宋明理学还要复杂。到了牟先生就更复杂了，牟先生先是把西方至罗素数理逻辑为止的知识论传统重新演绎了一遍，确定了新的问题，然后再从康德三大批判开始来会通中西哲学。徐复观先生则是先去跟汉学传统结合起来做更精密的考证来反对胡适之、反对郭沫若，破除五四以来对儒家的误解，然后再参考、吸收黑格尔、胡塞尔的哲学。因此整个新儒家知识化、体系化、抽象化的程度，跟五四运动整理国故的人比起来，简直是有过之而无不及。比如说牟宗三先生，他认为我们中国人一直没有西方超越功利的、为知识而知识的学术传统，我们当代中国应该建立这样一个学统，所以虽然他也讲生命的学问，但是当讲到学统的时候概念化、知识化就越来越复杂，距离一般民众的知识也就越来越远。因此，我们现在讲儒学基本上是放在西方哲学的筐子里面讲，儒家好像就只是哲学。大家可以注意到我们现在谈儒家就只谈儒家的心、性两大块，对儒家的其他部分，比如儒家对丧礼怎么处理，我们是不太懂的。

那我为什么要编一本《市民通用丧葬手册》呢？非常简单，因为儒家本来就是要讲丧礼的，儒家在古代对礼的处理、对礼的讨论是最多的。司马光就曾经编过一本书叫《温公家范》，里面就记载了我们在一个家族里面碰到的各种规章体系、各种礼仪制度，后来朱熹就根据这个编了一部书叫做《朱子家礼》，再后来清朝人又根据清朝的情况把《朱子家礼》作了一些扩大和整理，我现在做的无非就是把当时流行于民间的丧葬礼仪根据现在的情况进行一些调整。

礼乐制度是儒学传统的重要内容，可是我们近代人却只知道儒学都是一些概念、理论、体系什么的，那么儒学在现代社会中究竟生活在哪里？它只是以一种学说的方式活在大学和研究机构里面，它跟我们具体的一般人的生活没有任何的关系，而是变成像余英时先生所说的，是一种没有躯壳的、幽魂式的存在。我们大家谈儒学的时候，都是把它当做一种理论、当做一个学说，然后去分辨中间的一些概念；儒学并没有显示在我们日常生活当中。

那么，什么叫做生活儒学？生活儒学就是要让儒家的东西重新在我们具体的生活中发挥作用。我现在做编制丧礼的这个工作，其实并没有什么特别的，因为这本来就是儒家要做的工作。我们现在之所以没有接受这样的一种做法，主要的原因就在于五四运动以来，我们把整个儒学都知识化了，即使是反对五四的新儒家也同样把儒学知识化了。

被遗忘的生活儒学

整理国故者自称接的是汉代的传统，但其实这是不了解汉代，因为汉儒除了注解经典、整理文献以外，还有一个重要的工作就是整齐风俗。儒家讲人文化成，这种整齐风俗是汉代儒学非常重要的一个部分。比如我们通常以为“采诗风气”是先秦的，其实这是汉人的讲法。汉人在解《诗经》的时候提出的一套讲法，说古代采诗之官到各个地方寻访风俗，其实是为了让汉代也确立采诗之官到各个地方寻访风俗的制度。汉人编《风俗通》等书籍，就是在做整齐风俗的工作，对于风俗的考评成为汉代很多儒者所关心的内容，他们会对当时社会的婚丧嫁娶等风俗以及老百姓的生活方式提供很多意见。清朝人继承汉学，只是继承那一套文献整理的方法，而没有注意到汉儒针对社会风气所提出来的这种人文化成的具体想法跟做法。

新儒家继承的是宋明理学的传统，他们讲朱子、陆象山、王阳明等讲得很好，把宋明理学里面许多复杂的问题都进行了重新阐发，讲得非常精到，但是你读他们的东西你就会感觉到有遗憾。比如牟先生写的经典之作《心体与性体》，我们现在讲宋明理学，这部书是最重要的参考书，它有三大册，里面有一册专门讨论朱熹，可是牟先生只谈了两个问题，虽然都讲得十分精彩，但问题是：朱子的学问真的就是这样的吗？不尽然，朱子还有很多其他的部分，就是我刚刚讲的《朱子家礼》。

朱子写《朱子家礼》专门讨论小孩子的培养、家庭中的人际关系、婚丧嫁娶等问题怎么处理，此外还有写信、写文书怎么称呼等内容。这些都非常重要。各位知道，中国传统上有很多大家族，比如我江西老家就是姓龚的一个村子，这么大一个宗族虽然都是同一个祖先传承下来的，但是内部很复杂，有很多争端。比如村里耕田用的水该怎么分配，村子里的道路该谁修、怎么出份子钱，村里守夜人怎么派，还有祠堂和祭祀、公共田产、学校，这些公共事务都需要有人来管理。宋代理学家在这里是花了很多力气的，刚才讲到的张横渠，他的“为天地立心，为生民立命，为往圣继绝学，为万世开太平”很有名，其实除了讲这句话以外，他还讲了许多具体的方法，比如分封制、井田制度、宗族组织法、宗族的祭祀，等等。

还有怎么修族谱，我们从古就有族谱吗？不是的，大家知道，古人不是都有姓的，孔子的弟子很多是没有姓的，谁知道子路姓什么？还有名字的顺序，孟姜女姓什么？孟是老大的意思，不是说有一个姓孟的女孩叫姜女，而是姜家的大女儿。春秋战国以后情况改变了，很多早期的贵族变成了平民，平民地位上升，到汉代时候中国人就普遍都有姓。即便如此，南北朝时期的家谱跟我们现在看到的也完全是两回事，那时候的家谱叫做百家谱，因为南北朝是一种世家大族制度，上品无寒门、下品无氏族。因此，我只要知道你姓什么，我就知道你是处于哪一个社会等级。那时候常说王谢子弟、乌衣巷口，为什么叫做乌衣巷？因为当时以黑为贵，当时的皇帝穿的是黑色的衣服，所以就叫乌衣巷。这个门第制度中大姓、小姓各不一样，姓跟姓的关系也不一样，所以当时叫做百家谱。但是唐代以后，贵族制瓦解了，到宋代就由宋儒司马光、欧阳修他们重新来定一套族谱，所以我们现在用的家谱有两个体系，一个是欧阳修的体系、一个是苏洵的体系。

宗族扩大了就是乡里的群体，乡里面的约定叫乡约，乡约是由乡村父老大家来共同约定的，跟我们现在的契约一样。这样的约定里面有很多条例，比如日常事情怎么处理、节庆怎么做，除了有行政管理的功能以外，它还有很强的道德意义。乡约除了规定权利义务以外，更重要的是让这些人群有情意地组合起来，进而从情意的组合变成道义的组合。所以以前的村民之间除了经济上的互助，还有道义上互相扶持的关系。

我刚才讲的其实就是社会的辅助系统，儒学除了讲天理人欲这些理论之外，还在谈社会实践中的具体事情。但是新儒家处理问题的时候只谈理论的部分，对社会实践部分的讨论就比较少，甚至没有谈到。比如我们谈阳明学的时候，只是注意到阳明讲致良知、知行合一两个口号，谈得多一点也不过讲讲阳明的是“无善无恶是心之体，有善有恶是意之动，知善知恶是良知，为善去恶是格物”，还有就是阳明后来的几个分支，却忘记了阳明找了一个朋友用朱子的家礼编了《谕俗礼要》，根据朱子的家礼对老百姓的风俗进行了扩充。我刚才已经讲了，宋代以后的宗族、家族跟宋代以前是不一样的，到明朝就更不一样了。老百姓不但可以祭自己的父亲，还可以祭四代以前的祖先，所以祭祀的制度也就不一样，阳明对这个部分有很多的讨论。阳明还扩大了朱子的乡约，他在江西、广西等地方之所以能够剿灭、平定各种动乱，最主要得利于两个措施，其中一个就是办乡约。阳明每到一个地方都办乡约，他在浙江、江苏、江西、广东办得最好，这一套办法一直延伸到越南，越南到现在还存有各乡镇的乡约上千份。可见阳明学不是一个空谈的理论，它还有社会实践的一个方面，这涉及很多复杂的制度。

所以，中国的儒学，特别是宋元明清以来，不只是学者讨论的学问，更是跟一般老百姓的具体生活结合起来的一种生活方式，你看中国传统社会中民间的对联都是诗礼传家、宗族世家，等等，里面表达出来的伦理观、世界观都是儒家的。老百姓虽然不识字，但是他信奉的或者生活于其中的共同体的伦理规范，基本上都是儒家的体系。这是宋明理学家发展出来的另外一条路数，这个路数在近代是被我们忽视掉的。

生活儒学的新落实

大陆曾经出版过一本书，里面第一篇就谈到费孝通先生的乡土中国论，里面完全讲错了，因为他一直拿西方法理型、契约型社会和中国长老统治、礼俗社会作对比。其实我们儒学在生活中的落实不仅仅是通过礼乐、风俗，还有另外一个途径——宗教。儒学吸收了佛教、道教的教团形式和宗教仪式，有的还把这两种宗教结合了起来。

有一天程明道（即程颢，宋朝人，“二程”之一）和朋友到寺庙里去，他很感慨地说，三代的礼乐现在只有在寺庙里面还保存着，因为和尚的礼仪规范是有传承的，而儒家却没有一个固定的团体来传承这些。所以宋明理学家以后，大家就发现儒家也应该形成一种宗教式的团体，于是儒家也在民间利用宗教的方式来鼓舞民众，有人还建立儒家式的宗教团体。比如写《老残游记》的刘鹗，这个人其实是一个叫做“太古学派”的成员，太古学派其实是一种宗教，它是王阳明以后的泰州学派发展出来的具有宗教形式的儒家学派，它有很多仪式、讲道，而且整个村民都是信这个教的，聚族而居，都住在山东绥城黄崖的山上。清政府曾经认为它是邪教，派兵剿灭，杀得鸡犬不留，就是历史上的“黄崖教案”。但是这个教派并没有被完全消灭，而是分为南北两宗，北宗很快也被消灭了，南宗则隐姓埋名、暗地传播，刘鹗就属于南宗第三传。

这种儒家的宗教形态不仅只有太古教，还有很多，在1949年以前可以说遍地都是，比如“万国道教会”、“红教会”，等等，最有名的是“一贯道”。为什么叫做“一贯道”？因为孔子说“吾道一以贯之”，这个“一贯道”新中国成立后留在大陆的部分被消灭了，到台湾去的这一支也受到过查禁，后来又开放了。现在台湾“一贯道”有几百万人，而且它还长期在大学里面办国学讲习班，特别是儒学，吸收了很多高级知识分子，这是现在还存在的儒家宗教团体。大陆这些年有很多人争论儒家到底是不是一种宗教，其实在台湾、香港乃至海外华人世界，孔教实在是太普遍了，印尼、香港都有孔教会。我原来办过的佛光大学山下那个县有两个孔庙、一个关帝庙、一个岳飞庙，那个关帝庙和岳飞庙都在模仿孔庙跳佾舞，这些都是儒家的一种宗教形态。

除了这个以外，还有一种改造了的佛教和道教，特别是佛教，也是儒学传播的途径之一。我们很多人都说佛教的影响大，儒家没有什么，可是你们仔细想想，哪有什么佛教的影响？基本上都是儒家的影响，为什么？因为佛教已经被改造了。比如我们中国人相信“善有善报、恶有恶报，不是不报、时候未到”，这个讲法其实是儒家《易经》上说的，“积善之家，必有余庆；积不善之家，必有余殃”。佛教讲人皆有佛性，可以立地成佛，其实佛教的人性是有等级的，不可能人皆成佛的，只有中国才这样讲。这其实就是儒家的性善说，“涂之人可以为禹，人皆可以为尧舜”。所以说佛教是被儒学改造成的一个中国式的佛教，作为儒学在社会上发挥安定人心作用的辅助系统。

我现在讲的生活儒学，一方面可以延续发展宋元明清以来的设想，比如我刚刚讲的宗族法、乡约；另一方面也可以采用宗教的形式或者跟宗教结合。除了发展这两个方面之外，还可以有一些别的路数，我们在发展这些新的路数上也有将近20年的尝试了。

这样的例子有很多。比如说傅伟勋先生是生死学的原创者，他在美国提倡谈生死学，因为美国本来只有死亡学，但是只谈死亡不谈出生，显不出出生的意义，所以他就综合二者开创了生死学。这个学科在他过世以后依然得到发展，香港的吴汝钧教授就从中发展出苦痛现象学，后来又发展出纯粹运动现象学，等等，从人生命中碰到的各种苦痛出发把传统儒家“未知生，焉知死”等等这个部分扩充，并与西方、佛教进行有机的整合。还有一部分人的处理方式是把儒家重教育的传统发扬光大。现在台湾有很大一批人在民间讲学，主要是进行一种儒者式的人格教养。台湾还有一种社区大学，就是社区里面很多人晚上或者假日去修自己感兴趣的课程，或者希望能够得到一些心灵上的安顿，那么就有人通过这个东西，做一些帮助个人人格培养的工作。另外有一部分人提倡在现代大学体制里面恢复中国传统书院教育的精神，还有一部分跟政府机关做局部合作的儒家式的文化教育，比如在杭州西湖有马一浮纪念馆、章太炎纪念馆，我们可以利用这些场地来办讲座、展览等文化活动，把学者的故居、历史场所变成一个向市民提供文化教养的文化站，这样才能够让我们的儒学重新回到我们的日常生活来。我们目前进行的尝试只是一小部分，离真正的儒学生活化还远得很，我希望可以同大家多多交流、互相启发。

| 问 | 您今天所讲的生活儒学，应该说也是属于儒学复兴的一个方面。现在有人提倡政治儒学，您对政治儒学的复兴怎么看？

| 答 | 政治儒学的复兴有两个方面，第一个是因为我们现在的知识分子一直有个焦虑：儒学能不能够在政治领域上发挥具体的作用，特别是儒学跟当代政治似乎无法相容，因为传统儒学没有发展出现代的民主制度出来；第二个是我们总感觉传统儒学是跟封建统治、专制统治结合在一起的，因此我们怀疑儒学在政治实践上到底能不能起作用。我对这两个部分要做一点解释。儒学过去在政治上和王权结合，但这种结合其

实是统治者利用儒学进行统治，儒学成了工具，我们现在不去责怪这个统治者，而去责怪这个被利用的工具，这很奇怪。儒学是一个受害者，我们不去责怪那个加害者，反而去怪那个被害者，甚至还认为这是儒学和统治者的合谋，认为儒学本身提供了统治者专制主义的内涵，这是没有道理的。

那么，儒家没有发展出民主制度是不是就是儒学的缺陷？民主这个东西有很多的条件，而且民主制度到底是不是最好的制度是有争议的。更何况现在距离五四运动已经快100年了，我们应该具有对现代性的批判精神。我认为中国台湾的民主实践给我们提供了一个很好的思考、反省的机会，你看台湾的民主天天吵来吵去，仿佛打才是对的、不打是不合理的，民主的特征似乎不是选贤与能，而是利益的、公开的争夺。这个民主制度要实现的话，必然是这个社会要有足以跟王权、行政权对抗的力量，在英国就是贵族制度，在美国就是地方势力。

传统儒家也是希望发展出接受儒家想法的士人，可以去跟王权制衡。另外，儒家强调的是天下意识，而不是王权意识，所以“善人为邦百年，亦可以胜残去杀矣”，孔子本身所关心的不是在一个政治团体里面如何取得政权、如何制衡，而是通过教育来改造社会，使社会成为人的社会，而不是我吃你你吃我、聪明人剥削笨人、有钱的人剥削穷人、有权力的人剥削没权力的人的社会。这样的社会即使形成民主制度也是假的，看起来政权上有制衡、有约束，但实际上还是财团等有势力的团体掌控着这个社会。我们现在讲“国家兴亡，匹夫有责”，顾炎武其实从来没有讲过这句话，他说“有亡国，有亡天下”，亡国跟老百姓一点关系都没有，因为亡国亡的是政权，亡天下才是我们每个人的责任，儒家考虑的比单纯的政治运作要更复杂、更深刻。儒家之所以没有开启民主制度，其实是有很多复杂的考量的，也许我们所谓的政治儒学不是指现在儒家能提供什么样的制度，而是要我们在生活实践中一步步慢慢来做。

郭店楚简与儒学的人性论

陈　来

陈　来　1952年生于北京，祖籍浙江温州。清华大学哲学系教授，清华大学国学研究院院长，中国哲学史学会会长。1976年中南矿冶学院（现中南大学）地质系本科毕业，后获北京大学哲学硕士、博士学位，师从张岱年先生、冯友兰先生。主要研究方向为中国哲学史、儒家哲学、宋元明清理学，代表作有《朱熹哲学研究》、《宋明理学》、《哲学与传统》、《东亚儒学九论》等。

我讲的题目是“郭店楚简与儒学的人性论”。

从先秦儒学的一般线索来看，孔子提出的“性相近，习相远”说，战国中期孟子提出的性善说，以及战国后期荀子提出的性恶说，已成为今人熟悉的儒家人性论的三个典范。但是，相比于孟、荀的人性论，孔子的人性论思想在《论语》中并没有清楚地呈现出来。那么，“性相近”的说法应当如何诠释，才能历史地接近孔子本身的思想？关于此，我们并没有找到接近孔子时代的资料。而在孟荀之外，先秦两汉甚至隋唐的儒学中持续不断的人性善恶混的思想，宋代以后渐被人们遗忘了。

出土资料《郭店楚墓竹简》发表之后，我即撰文指出，对研究先秦儒家思想来说，郭店楚简重要的意义之一，就是证明了先秦早期儒学对“人性”问题的主流看法并不是性善论，或者说当时还没有形成性善论的观念。郭店楚简中《性自命出》等篇的人性说，从天—命—性—情—道的逻辑结构来讨论人性的本质和作用，它主张命自天降、性自命出、情出于性、道始于情；认为天所赋予的是性，而性即是天生的好恶，就是人的内在的喜怒哀乐之气；喜怒哀乐之气表现于外，便是情，情合于中节便是道。这种以生之自然者为性的看法，还是接近于自然人性论，其哲学的思考基本上是“以气论性”，而不是“以理为性”的进路。由于《性自命出》可能是孔子直接门人的作品，故这种看法应当最接近于孔子的人性论并作了继承和发展，特别是，这种人性观与现在所知的多数先秦两汉儒家所持的人性说是相通的。由此可知，这种人性说其实是早期儒家人性思想的主流。而孟子的性善论和荀子的性恶论，在儒学的前期发展中反而是较为独特和少有的。郭店楚简的发现为我们重新审视古典儒家的人性论提供了重要的文献。同时，郭店楚简的发表，也给我们提供了一个重新思考有关“儒学传统”持续与变迁的契机。

郭店楚简人性说的再分析

郭店楚简的《性自命出》篇集中讨论了人性的问题，其中关于人性的看法，有许多命题值得注意。

一、“性”与“好恶”

《性自命出》说：“好恶，性也；所好所恶，物也。”这句话直接的意思是说，好恶是人的本性，物是好恶的对象。这里性—物相对，显然有内—外的对比意义。然而，这个命题中的“好恶”可以有两种解释：第一，以“好恶”指情欲活动。“好恶，性也”是说好恶之情是内在本性的表现。第二，以“好恶”指人的内在的倾向和要求。如甲见好色而好之，这是情；但甲不是今天见好色而好之，明天便见好色而恶之，甲会见一切好色皆好之。因此，甲的每一次好好色的活动，都反映或表现了甲的内在的“好”，这内在的“好”就是性。故曰：“好恶，性也。”确定这两种解释何者合理的关键，就是要分清“好恶”是指情还是指性。

如果好恶是属于“情”，何以说“好恶性也”？不过，提出这样的问题时，我们也要提醒自己：“性与情”的分别，在先秦并非普遍的自觉，我们要注意避免用后来明确的性情相分的观念外加给性情不分时代的文献材料。从“好恶，性也；所好所恶，物也”这句话的前后看，“所好所恶”的“好”、“恶”是指意识和情感活动，因此“好恶，性也”的“好恶”也就是指情感活动；从而，“好恶性也”应是主张好恶之情根于本性。同时，此篇后面强调“情出于性”，正是努力区别“情”和“性”，从这点来看，“好恶，性也”应当有理由被理解为一种“情出于性”的思想，即好恶之情是出于本性的。在哲学上，这里的好恶都是意识活动现象的层面，不是本质的层面(如后儒刘宗周的好恶是意向性的，不是指意识活动的现象)；同时这里的好恶主要是情欲的好恶，不是孟子所说的道德的好恶。

在先秦思想中，以好恶言性、以情言性是很普遍的，如《乐记》“好恶无节于内，知诱于外”也是一种以性—物内外相对而说的例子。事实上，先秦两汉哲学还有一个特点，就是以“情性”连称，性和情混同使用。《荀子》中也是常常以好恶论情性。先秦思想家往往不区别情性，如荀子说“性之好恶喜怒哀乐，谓之情”，“夫民有好恶之情，而无喜怒之应则乱”。在这种说法中，都有以情论性的倾向。以情论性实际上把人的感情活动、欲望需求当做人的本性。虽然，用“情出于性”解说“好恶性也”，可以说是我们的一个强解释，而依照这样的解释，《性自命出》篇中已经有了把情和性区分的抽象，从性情不分到情出于性，这对以往的性论是个进步。

所以，根据以上分析，应当说，在前面提出的两种解释中，性自命出的观点应当是以好恶为情，以好恶之情根于本性。由此我们可以推断，古代最早的人性论是性情不分，以好恶之情为性，以喜怒哀乐为性，把人的情欲和感情现象直接当做人的与生俱来的本性。这种人性的概念是把“性”理解为与生俱来的特质。进一步的发展则以好恶之情根于性，以喜怒哀乐之气为性，把内在的本性和发见的情感分别开来。

二、“性”与“喜怒之气”

《性自命出》另一个重要命题是：“喜怒哀悲之气，性也。及其见于外，则物取之也。”这里的“性也”就不应解释为“根于性”或“性的表现”了，因为后面“及其见于外”的说法已经预设了前面所说的“喜怒哀悲之气”就是指“内”而言。因此，这句话是说，喜怒哀悲之气就是性，而喜怒哀悲之气发见于外，是因为外物的吸引。“见于外”应当就是指喜怒哀悲之情。所以“喜怒哀悲之气”与“喜怒哀悲之情”是不同的，前者是未发见于外的，后者是已发见于外的。

以气论性，在现有先秦文献中尚不多见。《性自命出》这一段材料表达的哲学立场是“以气说性”，认为性是人的喜怒哀悲之气。但作为性的喜怒哀悲之气是“内”而不“见于外”，见于外者应属情。内外之分表示性情之分，这也是比以情为性的说法进步的一种说法。此种思想在先秦可见于《大戴礼记·文王官人第七十二》：“民有五性，喜怒欲惧忧也。喜气内畜，虽欲隐之，阳喜必见；怒气内畜，虽欲隐之，阳怒必见；欲气内畜，虽欲隐之，阳欲必见；惧气内畜，虽欲隐之，阳惧必见；忧悲之气内畜，虽欲隐之，阳忧必见。五气诚于中，发形于外，民情不隐也。”

此段文字亦见于《逸周书·官人解》（个别字有所不同，如作“民有五气”）。这是认为人有五性，五性就是喜怒欲惧忧五气。“五气”属于内，属于中，“阳”表示发见的情。喜气内畜，必有喜情发于外。

这种思想与《性自命出》这一段的讲法是一致的。从哲学上看，这种讲法是把本来属于抽象的“性”的观念，用一种具体的实在物加以表达，这种情形在古希腊也不少见。

事实上，《乐记》中的一段话，也未尝没有这个意思：“是故先王本之情性，稽之度数，制之礼义，合生气之和，道五常之行，使之阳而不散，阴而不密，刚气不怒，柔气不慑，四畅交于中而发作于外……”

“四畅交于中而发作于外”就是解释“本之情性”的，也即是《文王官人》的“五气诚于中发形于外”。“四”应指阴阳刚柔四气，“交于中”即内在的，也即是说四气是性。照这样的说法，喜之气发而为喜之情，怒之气发而为怒之情，等等，即每一种见于外的情都有一种在内的气与之对应，而为其根据，这就是性。“性”的概念，就其发展了的完整意义而言，应指本质特性，但早期中国哲学在哲学抽象上还不能完全摆脱具体，所以把情之所出的“性”，用“气”充当其实体。

然而，被当做性的气是内在的，没有发于外的，这种性气与先秦时代所说的六气的关系是什么？如果还可以提出问题的话，那么可以问，如果说喜怒哀乐与好恶相同，为什么只说“喜怒哀悲之气，性也”，而不说“好恶之气，性也”呢？从逻辑上应当是可以这样说的，在郭店楚简《语丛》中说“有生有知，而后好恶生”，又说“恶生于性”，把这个问题进一步作了阐发。

三、“性”与“情”

喜气畜于内，喜情发于外，喜气是喜情的内在根源，故曰“情生于性”。这种以“气”为基础的情生于性说，与宋儒以“理”为基础的情发于性的说法是有所不同的。如程朱理学主张性即理，而以性之发为情，但理学中也有主张“七情是气之发”的思想，这就与性自命出的说法接近了。

“情生于性”在《性自命出》中两次出现，可见是作者很重视的命题。这一命题又见于《语丛》：

> “爱生于性，亲生于爱，忠生于亲。
>
> 欲生于性，虑生于欲。

智生于性，卯生于智。

慈生于性，易生于慈。

恶生于性，怒生于恶。

喜生于性，乐生于喜，悲生于乐。

愠生于性，忧生于愠，哀生于忧。

惧生于性，监生于惧。

强生于性，立生于强。

弱生于性，疑生于弱。”

所谓“情生于性”，“情”是指什么呢？应当包括爱、欲、智、慈、恶、喜、愠、惧，等等。根据以上所说，情生于性，就是指喜、愠、惧、慈、爱、恶、欲、智等情都生于性。这些情可谓最初级的情感。而所谓乐生于喜、忧生于愠、怒生于恶、亲生于爱等，是指两者虽然都是情，但前者在后者的基础上发展得更加强烈，如“愠斯忧”，故说“忧生于愠”。由于乐、忧、怒、亲等是在喜、愠、恶、爱等初级情感的基础上发展出来的，所以乐、忧、怒、亲等可以说是与初级情感相区别的次级情感。初级情感和次级情感都是“情”。

在《语丛》中，没有提到“好”生于性，但提到“恶生于性”，在逻辑上应当包含了“好恶生于性”。值得注意的是，《性自命出》讲“喜怒哀悲之气，性也”，而在《语丛》，只有“喜”生于性，而其他三者则说为“怒”生于恶、“哀”生于忧、“悲”生于乐，没有把喜怒哀悲并列。这说明《语丛》对情的具体解释和《性自命出》还是有所不同的。

郭店楚简揭示出，早期儒家的人性观念，不是为了说明道德的根据，而是说明情感好恶的根据，这是很值得注意的。以气论性的说法也应当从这个方面来理解。

四、“性”与“心”

《性自命出》说：“四海之内，其性一也。其用心各异，教使然也。”

孔子曾说“性相近也，习相远也”，《性自命出》篇显然继承了孔子的思想。人都有好恶喜怒之性，所以可以说人的性是相同的，这就是所谓“其性一也”。但人的心不相同，这里的心指道德意识的水平。道德意识的水平是教育的结果，故说“其用心各异，教使然也”，因为“教所以生德于中者也”。从这里的说法来看，作者还没有人性本善或者人性本恶的意识。当然，即使是性善说，也可以讲“四海之内，其性一也。其用心各异，教使然也”。但此篇的确没有出现性善的思想。如果说，此篇的人性论是接近孔子的人性论而发挥孔子的人性论，那么，可以说孔子的人性论的相近说，就是基于好恶喜怒的人性论。值得注意的是，从这里的提法可知，此篇作者认为性和心是不同的，人的性可以是相同的，但人的心却是不同的。这种注重心性之分的提法，体现了这样的观念，即人性属于本质层次，而人心是意识现象层次，二者有分别。此篇还说“心无定志，待物而后作，待悦而后行，待习而后定”，说明作者的“心”的概念是指一般的知觉之心，是没有一定方向的。

另外，《成之闻之》篇中也有“民皆有性”、圣人与民人之性相同的思想。《成之闻之》篇：

> “务在信于众。《说命》曰：‘允师凄德’。此言也，言信于众可以凄德也。圣人之性与中人之性，其生而未有非之；节于而也，则犹是也。虽其于善道也，亦非有怿，娄以多也。及其博长而厚大也，则圣人不可由与掸之。此以民皆有性，而圣人不可莫也。”（标点从李零说）

这段话从取信于众讲起，但多处费解。大意是说，圣人之性与中人之性生而未有差别，中人以下的人，也是如此。人对道的爱好，并非天生的，而是反复习养所使然。习养积厚博大，便成为圣人了。所以虽然民皆有性，却很难达到圣人的境界（就是因为民的习养不足）。这种观点可以说也是“性一心异”论的一种体现。

五、“性”与“物”

《礼记·乐记》虽是数篇合成，但其中思想基本一致。如说“人心之动，物使之然也”，“感于物而动，性之欲也；物至知知，然后好恶形焉”，“物之感人无穷，而人之好恶无节”，“夫民有血气心知之性，而无喜怒哀乐之常，应感起物而动，然后心术形焉”。在这些说法中，都体现了一种内心—外物的对比，认为心之动、欲之动、好恶之形，都是“物”所引起的。属于主体活动方面的意识、情感、欲望，其活动都是由外物所引动而发起的。

《性自命出》与《乐记》的看法相近，认为“凡动性者，物也”，“及其见于外，物取之也”。这里“及其见于外”的“其”指性，性见于外便是情，见于外，也就是“好恶形焉”。与《乐记》不同处在于，《性自命出》不仅讲心动，而且讲性动。其思想是认为，人虽有好恶之性，但只有物诱于外，好恶才表现出来。物是所好所恶，物使得好恶之性外化了。事实上，物感性动，在宋明理学中仍然是常见的观念，当然，这是受《乐记》的影响，不是受《性自命出》的影响。

不过，如果说好恶是性的表现，那么性的内涵是什么？《乐记》说“夫民有血气心知之性，而无喜怒哀乐之常”，这是把性规定为血气心知的根源，血气决定欲望，心知表现认识能力，因此《乐记》的人性观念并不是道德的人性观念。对比之下，以好恶和喜怒之气论性的《性自命出》的“性”应当接近于血气之性。此外，物能够感动、引动“性”的表现，这被感动的性显然不是指人的道德本质，而是人的生存的本性。

六、“性”与“习”

《性自命出》有养性的观念：“动性者，物也；逢性者，悦也；交性者，故也；厉性者，义也；出性者，势也；养性者，习也；长性者，道也。”“习也者，有以习其性也。”

《论语》和《孟子》中都只有几次谈到“习”，也不曾把“习”和“性”联系起来。不过，《大戴礼记·保傅》中引孔子的话却明确讲到“习”和“性”的关系：“孔子曰：‘少成若天性，习贯之为常。’”“此殷周之所以长有道也。”

卢注曰：“人性本或有所不能，少教成之，若天性自然也。”这是以“教”解释“习”。“习”一般是中性的，故孔子谓“习相远”。“教”则是正面的，把“习”解释为“教”，则这里的“习贯之”也是正面的了。楚简的习以养性，和习其性，似乎有二义。“养性者，习也”，这里的习是泛指习俗、习惯；而“习者，有以习其性也”，这里的习是指养性功夫，即是 cultivation。

养性的观念在《孟子》中也提出来，即“存其心，养其性，所以事天也”（《尽心上》。孟子这句话是主张以“存心”来养性，而不是以“习”来养性。不过孟子的确很重视“养”的观念，他说：“今夫麦，播种而耰之，其地同，树之时又同，浡然而生，至于日至之时，皆熟矣。虽有不同，则地有肥硗，雨露之养，人事之不齐也。”这里的养就是指后天的习养。又说：“苟得其养，无物不长，苟失其养，无物不消。”（《告子上》）这里是讲对性的滋养。不过就概念来说，“养”不一定只是正面的，如世子认为，“举其善性，养而致之则善长；举其恶性，养而致之则恶长”。这个“养”就是一般的习养观念了。

不过，这里可以提出一个问题，上面说“性一心异”，那么，不同习养的结果是“心异”，使人的道德意识有了差别，这应无问题。然而，是否习养也造成了“性异”呢？所谓“养性”、“习其性”是否意味着习养在改变心的同时也改变了性呢？如果性被习养所改变，“性一”的观念又如何成立呢？楚简对此并未提出进一步的思考和回答。无论如何，我们可以说，在郭店楚简中，注重点不在道德的心性根据，而在正确的习养功夫，用明代哲学的话说，重点不在“本体”，而在“功夫”。

七、“性”与“天”、“命”

《性自命出》的第一段中说：“性自命出，命自天降；道始于情，情生于性。”

竹简的整理者很注意此句，认为与《中庸》首句“天命之谓性”相近。的确，如果我们把宋儒对《中庸》的解释放在一边，则“性自命出，命自天降”的意思是说，性出于命，命来自天，故在文字上就可以理解为“天命为性”。

其实，如果不按宋儒的解释，仅就“天命之谓性”说，其意义并不能够归结为性善论，而只是说，性是天赋的，天赋的就是性。《孟子·告子上》：“富岁子弟多赖，凶岁子弟多暴，非天之降才尔殊也，其所以陷溺其心者然也。”

“天之降才”即是天生的资性，即是“天命之谓性”，也就是“性自命出，命自天降”，而这并不意味着性就是善的。

但是，《性自命出》与《中庸》首句有一不同，在《中庸》，“天命之谓性”的命是命令，不是一独立的存在论环节，而是天的一种活动和表达方式，故朱子集注曰“命，犹令也”。在哲学上朱子把命解释为赋予，认为赋予如同命令，故说：“天以阴阳五行化生万物，气以成形，而理亦赋焉，犹命令也。”而在《性自命出》，“命自天降”，“降”相当于中庸的“命”，故《性自命出》的“命”本身是由天命令或赋予来的，具有一定的独立的存在意义，这与古代文化中对命的信仰有关。而这里的命，我觉得也具有生命（如后世道教所说的命）的意思。“性自命出，命自天降”的意思是：性根于生命躯体，而生命是天所赋予的。这就与全篇以生论性，以气论性的思想一致了。这个解释虽然还需要找到更多的训诂的根据，但就思想的理路而言应当是可以成立的。

“性自命出，命自天降；道始于情，情生于性。”这是《性自命出》篇的第一段。这一段显然可以分为两句，即：“性自命出，命自天降”和“道始于情，情生于性”。就这两句的次序来说，为什么作者不说“道始于情，情生于性；性自命出，命自天降”，这样不是更合乎逻辑的次序吗？作者不这样说，有不可变的理由吗？

先秦儒家人性论的主流

从性说的方面看，最引人关注的问题是：《性自命出》以及郭店楚简的其他篇是否提出了性善论。《性自命出》篇中的“好恶性也”、“喜怒哀悲之气性也”的说法肯定不是性善论，也就是说，它没有“人之性皆善”这样的思想。

不过，《性自命出》篇的后部有一段话：“未言而（民）信，有美情者也。未教而民恒，性善者也。”

这里出现了“性善”的语词。这句话是指某些“在上者”（即治民者）而言，是说：未许诺而得到民的信赖，这是有美情的人；未施教化而使民有常心，这是性善的人。这里“美情”与“性善”相对应，联系

“好恶性也”及“喜怒哀悲之气性也”的说法，是指这种在上者的好恶和喜怒哀悲自然合于道，故能取信于民、感化于民。这里的“善”近于“美”，与孟子的性善论是不同的。因此这种说法最多只是认为有的人性善，而明显预设了性善者是少数。所以从这句话并不能得出普遍意义的性善论。

东汉时王充说：“周人世硕，以为人性有善有恶，举人之善性，养而致之则善长；性恶，养而致之则恶长。如此则性各有阴阳，善恶在所养焉。故世子著《养性书》一篇。宓子贱、漆雕开、公孙尼子之徒，亦论性情，与世子相出入，皆言性有善有恶。”

宓子贱名不齐，漆雕开字子开，都是孔子的弟子，《论语》中皆有记述。《汉书·艺文志》儒家五十三家，其首为：“晏子八篇。子思二十三篇。曾子十八篇。漆雕子十三篇。宓子十六篇。景子三篇。世子二十一篇。魏文侯六篇。李克七篇。公孙尼子二十八篇。孟子十一篇。……”《汉书·艺文志》且注明世子、公孙尼子皆为“七十子之弟子”，即孔子的再传弟子，而《隋书·经籍志》则以公孙尼子“似孔子弟子”。从《艺文志》的叙述次序可知，他们的活动都在孟子之前。郭沫若认为“公孙尼子可能是孔子的直传弟子，当比子思稍早”。

世子所谓“性有善有恶”，是说每个人的性都不是单一的，每个人的性都是既有善的一面，又有不善的一面。据王充说，孔子三弟子宓子贱、漆雕开和孔子的再传弟子公孙尼子也都是与世子类似的主张。

在《孟子》一书中，记述了公都子所提到的三种人性。公都子曰：“告子曰：‘性无善无不善也。’或曰：‘性可以为善，可以为不善。’‘是故文武兴则民好善，幽厉兴则民好暴。’或曰：‘有性善，有性不善。是故以尧为君而有象，以瞽瞍为父而有舜。’”可见在孟子提出性善说时，已有三种与性善论不同的人性论。一种是主张“性可以为善，可以为不善”；另一种是主张“有性善，有性不善”；而与孟子同时的告子则明确说：“性无善无不善也。”

“性可以为善，可以为不善”与告子所说“性无善无不善”是一致的，告子也说“性犹湍水也，决诸东方则东流，决诸西方则西流”，即可以为善、可以为不善。而“有性善，有性不善”说，与世子之说不同，是说有的人性善，有的人性不善，而不是说每个人的性中都有善与不善。这种看法亦可说是对孔子“唯上智与下愚不移”的发展。

世子是孔门当时一个有影响的人物。宓子贱、漆雕开、公孙尼子都是孔门的重要人物，告子“仁内义外”说见于楚简的《六德》篇等处，孟子对告子的批评，往往使人忽视了告子也是一个儒家。告子与孟子同时，应在公孙尼子和世子之后。宓子、漆雕子、世子、公孙尼子、告子，他们的人性论虽然在说法上不完全一致，但都比较接近，可以说这类人性论共同构成了当时孔门人性论的主流。荀子有关人性的基本概念也明显地受到这一先秦孔门人性论的主流的影响。孟子以后，孔门早期人性论并未立即被孟子所取代，而一直延续流传。所以这种人性论并不能仅仅被定位为在孔孟之间的儒家人性论，在战国至汉唐时期，它一直以各种互有差别的形式延续流传，成为唐以前儒学人性论的主流看法。

宋代朱熹在解释《中庸》的“喜怒哀乐未发谓之中，发而皆中节谓之和”时说：“喜怒哀乐，情也；其未发，则性也。”韩国李朝哲学家李退溪进而提出：“四端发于理，七情发于气。”《性自命出》的思想以及先秦儒家人性说的主流，看起来是近于“以气说性”，而不是“以理说性”，即近于“七情气之发”的进路。这种进路也可以说就是所谓“生之谓性”的进路。“以气论性”、“以好恶论性”（“以情论性”）、“以生论性”（“以自然论性”）是七十子及其后学的人性论的主要思想。这与孟子以后至宋明发展至极的“以理论性”、“以生之当然论性”是很不同的，也是原始儒学人性说的特点。

人性说在儒学传统中的地位

孟子的性善论在宋代以后成为支配性的儒家人性论，南宋以后，绝大多数的宋明儒学思想家都在理论上承认“性”是善的。因此，如果我们把眼光放长到整个儒家思想的历史，可以看出，儒家从早期到后期的人性论，是有很大的变化的。无疑，在这个儒家人性学说的变化过程中，二程和朱熹的“性即理”说发挥了决定性的作用。

可以这样说，历史上每个时代儒家的人性学说，都呈现出不同的主张和形态，因而是多元的，而不是单一的；但不同的历史时期中，往往有一种主流的看法。统观中国儒家思想史上的人性论发展，大致可以分为四个阶段。第一个阶段是《诗》、《书》代表的早期古代，第二个阶段是春秋战国时期，第三个阶段是汉唐时期，第四个阶段是宋明时期。

第一个阶段以《尚书》为代表，如说“不虞天性”，如所谓“节性”，如所谓“习与性成”，其人性观念都是指“自然而本然者言，即自然如此本然如此之性向、性能、性好、质性”，都是指“自然生命之自然特征所构成的性”。在这一阶段还未出现以“善”、“恶”评价自然生命为内容的性。

第二个阶段是孔子至战国末期的儒家，这个时期已开始用“善”、“恶”来评价人的本性，但这个时期受第一阶段影响较大。以人的自然性好为性，这种人性观念是“自然之性”或“实然之性”，而不是“当然之性”。孔子受西周观念影响，主张性相近，应即是指自然之性而言。郭店儒书的人性论，以好恶言性，以喜怒哀乐之气言性，注重的是自然情感的根据，而不是当然之则的根据，故仍然是自然之性的讲法。告子代表的性无善恶说，或性可为善可为恶说，在以“生之谓性”的形式下仍然突出的是自然之性的观念。在孔门七十子时代，开始用善恶的范畴思考人性问题，世子、漆雕子、宓子、公孙尼子都主张“人性有善有恶”，构成了先秦儒家人性论的主流。这些都是以自然感情、自然倾向为基础来追溯性的观念。而郭店楚简讲“哀乐，性相近也”，明显承继了孔子思想，其中又承认有的人性善，应与战国通行的性有善有恶论相通；而其人性的观念明白地以“气”、“好恶”为基础，为我们理解这一时代的人性论提供了难得的素材。孟子发展了性中有善的观念，从道德感情推寻其普遍内在的根据；荀子继承了自然之性的讲法，而以之为恶。战国儒家的人性论异彩纷呈，莫衷一是，正如王充所说，在人性问题上“昔儒旧生，著作篇章，莫不论说，莫能实定”，“自孟子以下，至刘子政，鸿儒博生，闻见多矣。然而论情性，竟无定是”。

第三个阶段以人性“善恶混”为主，实即世子所谓“性有善有恶”之说的发展。董仲舒、扬雄、荀悦都是如此。与先秦所不同的是，这一时期的人性善恶混说与性三品的分级说结合一起，以便把善恶混说（中品）与性善说（上品）、性恶说（下品）调和起来。由于中人最多，故性之善恶混说应用最广。

第四个阶段程朱以理为性，性即是理，即是禀受而来的天地之理，自然之性的观念成为理学的基本观念，性善论成为宋明时期的主导论说。性善论在理论上得到广泛的肯定，但在义理之性为主导的前提下，气质之性的概念也包容了自然之性的观念。

从儒家的人性论史来看，从先秦到宋明，并不存在一个一以贯之的人性论传统；尽管，笼统地也可以说南宋以来的儒家是主张性善论的，但放眼先秦以来的整个儒学传统，是不能说性善论是儒学自始以来相传不变的传统的。因此，儒学内部的种种人性学说，其实都是对儒家思想基本宗旨的不同哲学论证。从儒学史的角度来看，并不能把性善论当做儒学之所以为儒学的核心理论。如果把性善论作为儒学的核心理论，那么，除了孟子以外，先秦至隋唐的儒家思想都变成了偏离儒家思想核心的表达，这等于对先秦至隋唐的儒学史的否定，也是对宋代以后许多儒学家的否定，这显然是非历史的。也因此，我们不能把儒家思想中最早出现的人性说当做儒家的根本，也不能把儒家思想发展中后来成为主流的人性说看做是对儒学道统的偏离。这些看法都有意无意地走向一种原教旨主义的论证方式。同时，我们也可以理解，儒学不是一种哲学，儒学主要是一种思想体系，其中容纳了不同的哲学观点，这些不同的哲学观点在不同时期、不同历史条件下，从不同的角度，对儒学的基本思想展开了不同的哲学论证。那种把儒学归结为一种单一哲学的立场往往是从宗派出发，都是不全面的。

如果说儒家的各种人性学说是对儒学宗旨的不同的论证，那么，儒学有没有一个一以贯之的基本标准、宗旨和核心，构成了儒学之所以为儒学的传统呢？就历史上的实际状况说，这个标准是不言自明的，每个时代都有自觉认同儒学的学者，儒者和认同其他思想体系的学者相互间的彼此区分也是很明确的，只是这种标准和区分较少反映为明言的层次。在我看来，从先秦到明清，儒学之所以为儒学的标准、宗旨和核心，简单说来，就是“宗本五经孔子，倡导王道政治，重视德性修身，强调家庭伦理，注重社会道德，崇尚礼乐教化”。先秦至隋唐的儒学多以经学为形式，传经是前期儒学延续的重要方式，“宗本五经孔子”即指儒学的此种经典特征。

当然，宋代以后性善说至少在形式上是儒学人性论的主流，在这个意义上，可以说，儒学在发展中，越来越多的儒学思想家更倾向于性善论，这实际显示出，比起其他儒家人性观，性善说更能突出儒家的特点，更能和儒家的教育思想、道德思想、政治思想相配合。但在儒学史研究上，我们终究不能用正统别流的观念来处理各种儒学思想体系中的人性论问题。

儒学史上的各种宇宙论、形上学、人性论、知识论等都是这些宗旨的不同论证或展开，这些不同的理论论证和理论延伸构成了儒学的丰富性。而儒学的这些不同的论证之所以出现，不仅是思想家的个体差异所致，更是不同时代课题、社会环境与矛盾的反映。正是这些不同的、特殊的、具体的儒学表达，由于适当地回应了自己时代的挑战，而对儒学发展作出了贡献。因此，我们不能用一种论证为标尺，抽象地衡量其他各种论证，因为各个论证都是因应自己时代的特殊课题和自己独特的存在感受。所以，我们需要的是一种包容性最大的儒学史观，在这种儒学史观中，历史上的各种儒学的表达形态与论证方式，历史上各个时期对儒学发展作出贡献的思想体系，都能得到充分的肯定而包容其中。

道家思想与现代生活

陈鼓应

陈鼓应　1935年生，福建长汀人。中国文化大学哲学系教授，台湾大学人文社会高等研究院特聘教授，《道家文化研究》创办人兼主编。曾任教于中国文化学院（中国文化大学前身）、台湾大学、北京大学。主要从事老庄思想的研究，著有《老子今注今译》、《庄子今注今译》、《庄子哲学》、《易传与道家思想》、《悲剧哲学家尼采》等。

我今天讲的题目是“道家思想与现代生活”。

很多人觉得离我们2000多年的东西和我们没有什么关系，实际上我们读所谓的国学，我们是在跟古人的生活经验、智慧进行交流、对话。这次演讲，我主要是介绍道家。道家在先秦时的派别非常多，但主要是指春秋晚期的老子、战国中期的黄老跟庄子学派，黄老在当时可谓是显学中的显学，用蒙文通先生的话说就是“百家争鸣，黄老独盛”，但是，我现在还是讲老庄。这次讲座，我会从《老子》第一章讲起，可能会延伸到第二章，然后对老子的整体思想进行一个概括性的介绍；接下来讲《庄子》第一章“鲲鹏”寓言；最后再讲几个寓言。

《老子》今译

我们先看《老子》第一章第一句话：“道可道，非常道。”假如我们碰到一个希腊人，问他柏拉图、亚里士多德，他都不知道，一直挠头，你会觉得这个人没有文化；假如人家问你孔子、老子，你也这样，那也一样会被认为没有文化。作为一个中国人，不管是研究什么的，到了国外，外国人马上会问你中国文化是什么。如果一言以蔽之，用一个概念来表达中国文化，你会怎么回答？我想，如果是我回答，那就是道文化，中国哲学的最高概念是“道”。汉字是象形文字，你看“道”这个字多么奇妙！人也是动物之一，但是唯有人类，当他一昂首直立开始活动，就给人类的文明写下了一段辉煌的历史。

“道”是什么意思呢？我们一般讲“道”，当然就是从此端走到彼端，走着走着就走出了一条道路，所以，道路引申出法则、规范、方法等意涵，这些意涵老子的书上都有，但是唯有一个意义是老子在第一章就提出来的。所以我常想，《老子》共八十一章，本来很少，只有五千言，如果八十章都丢掉，只剩第一章，我觉得他还是可以称为中国第一个哲学家，因为在他之前没有人提到“天地万物是从哪里来”这个问题。万事万物怎么来的？用哲学的概念来表达就是宇宙本源的问题，比如古希腊第一个哲学家泰勒斯说：“水是万物的本源。”天地的起源、万物的本根是什么？老子认为是“道”。《老子》第一章讲：“无，名天地之始；有，名万物之母。”为什么说“无”跟“有”呢？ 我们看到的这些东西，都是有形的、可以给它名称的；而世界上有很多事物是无形的，但是是实存的，而万物又由它以生。 比如我现在正在讲话，突然一个电话来，电话的电波我摸不着也看不见，可是它是实存的。 所以，第一章主要是讨论常道是天地万物的本源。

现在我们回到第一句话。 “道可道，非常道”，三个不同的“道”，语言符号相同，但是上下文不同，意义也就不同。 第一个“道”是现象界，第三个“道”是本体界。 一个是谈我们的现实世界、经验世界、现象界；另一个是谈本体界，用张岱年先生的话讲，就是“本根”。

你们看眼前的这个板，请问它的颜色真的是白的吗？ 还是真的是黑的？ 然后很光滑吗？ 你摸上去确实很光滑，但是，如果你用放大镜一照，它却是凹凸不平的，所以你看到的只是表象，或者说是显象。 我们人类可以设想科学仪器的精密度可以到达无限，可是有一点，假如这是一个玻璃杯，筷子放下去是弯的，拿起来又是直的，所以感官有时候经过光的折射又会欺骗你。 因此，我们要了解哲学所要追求、探讨的显象里面的实在。

再说第一个“道”跟第三个“道”。 我们念哲学的总是在注意第三个“道”，即作为一个表象然后探讨它的本根、本体的状况，所以我们常常在“常道”里面转，解释“道”是什么意思。 后来，我慢慢注意第一个“道”——我们生存的世界，我们现在是生活在一个地球村，而第二个“道”，我也越来越重视。 美国9·11之后，我觉得不同的国家、不同的民族、不同的生活方式要进行对话，对话太重要了！ 所以，当代哲学一直讨论对话的问题。 “可道”就是用语言文字来表述，也就是说，我们要在我们的地球村进行对话。 在老子的思维里，第一个“道”蕴含了天道和人道。 所谓天道，就是日月星辰的运转、四时的交替，是自然界的规律；而人道则是人间社会建立的规范、秩序。 所以，第一个“道”包括天道和人道，是可以用语言文字来表述、探讨、沟通和对话的，特别是当我们把它缩限到一个地球村的时候。 对于今日地球之生态环境，我们要平等对话、共同合作，不能搞霸权主义。 所以，“道可道”就是我们在地球村要进行对话、沟通，要共同生存发展，共存共荣。

这个“常道”就是本根之道。打一个比方，假如这是一棵树，我们看到树干、枝叶、花朵，这是现象界；树根我们看不见，但是很重要，这是本根。所以，读《老子》，我想，第一句话就跟我们现在的生活有密切的关系。从大的来说，地球村不同的国度、不同的文化、不同的生活方式要进行对话，而且很重要的一点是要进行异质文化的对话，这个对话太少了！最能体现异质文化对话的，我个人认为是庄子。其实严格讲，《论语》已经很不错了，孔子对隐者的不同意见也能含融一个欣赏，但是，从某一个角度来讲，他还是比较同质性的对话。

“常道”也很重要。每当看到竹子，我就想到本根的重要性，第三个“道”有本根意义。郑板桥说：“咬住青山不放松，立根原在破岩中。千磨万击仍坚劲，任尔东西南北风。”东风刮过来，西风刮过去，它因为有坚劲的根，所以能够长固。所以，人生打基础，根很重要。

再回到第一章的“无，名天地之始；有，名万物之母”，“无”跟“有”其实都形容道体。形容道体的无限性，简称为“无”，但道体是实存的，它不是等于零，不是什么都没有，而且万物都由它以生，这是“有”。

王弼说：“欲言有，不见其形；欲言其无，物由之以生。”但是，《老子》第二章有一句话：“天下皆知美之为美，斯恶已。皆知善之为善，斯不善已。有无相生……”“有”和“无”是相生的。我在这里要讲的就是辩证思维，关于辩证思维，我要讲三点：一个是对立思维；一个是向对立面转化，即物极必反；另外就是相辅相成。从《易经》开始，乾卦跟坤卦、否卦跟泰卦，既济跟未济都是两两对反，六十四个卦象，非反即负，都是两两相对。老子是史官，他系统地接受了这种思维方式。我们学者很喜欢用马列主义的“矛盾的统一”，但是，中国的两两对反不能用“矛盾”，因为矛盾是相互排斥的，而老子讲的是阴和阳、雌和雄、男和女，等等，是两个对反、两个对立，可是又相互蕴含、相互有磁铁一样的吸引力，所以不是相互排斥。《老子》整本书八十一章可以找到八九十个两两对反：曲则全、弯则直、敝则新、少则多……史墨讲“物生有两”，每一个东西都不是单个；张载讲“物无孤立之立”；王船山有一个很有名的命题，叫“物物相异”，这些都是很重要的。

落到现实世界，对立思维可以扩大人的视野，所以我个人一生都反对单边主义、自我中心、天无二日，庄子讲“十日并出”，十个太阳，不只两个太阳，这一点非常重要。

关于“两两对反”，我举几个例子。比如说，如果唱歌只有一种声音，煮菜只有一种味道，那是很单调的，而相对立的思想总是能构成一个耐人寻味的、和谐美妙的意境。刘禹锡有一首诗：“杨柳青青江水平，闻郎江上唱歌声。东边日出西边雨，道是无晴却有晴。”这个“晴”是天晴的晴，但也暗喻感情的“情”，这多美啊！你看，无晴和有晴、东边和西边，都是两两相对、两两对立。所以，中国的对反不是矛盾，它是对立统一、相反相成。

这个对立不是一直对立，它是转化的。庄子的《齐物论》有一句话：“物无非彼，物无非是；自彼则不见，自知则知之。故曰：彼出于是，是亦因彼。比是方生之说也，虽然，方生方死，方死方生；方可方不可，方不可方可；因是因非，因非因是。”每一个物象都没有不作为他物的“彼”而存在，没有不作为自己的“此”而存在。所谓“方生方死，方死方生”，这个“生”和“死”是事情的起灭，而价值判断都是相对性的；《老子》第二章的“天下皆知美之为美，斯恶已”也讲价值判断是相对的，所以，老庄对很多价值判断都不把它绝对化。美国就常常搞绝对化，在“我是上帝，你是撒旦”的情况下战争就发生了，其实中东的很多战争是可以避免的。所以，刚刚讲落到现实世界的两两相对这一点，就不能只是站在“此”的角度，也要站在“彼”的角度。

“有无相生”意味着很多事情都有一个变动，但是，老子的变动是“柳暗花明又一村”，老子说“反者道之动”，这句话很重要。这个“反”就是循环往复。冯友兰先生写《中国哲学简史》时，在整个民族、整个国家看不到一点前途的时候就想到了老子的这一句话，就又“柳暗花明又一村”了，也就是说黎明还是会来到，一个多灾多难的民族会有一个向前走、向前迈进的动力。

“祸福相依”，里面有我自己的一个亲身体会。诸位有些可能看过我的《老子今译今注》、《庄子今译今注》，这些书是怎么写成的？那时候我刚被学校解聘，生活陷入窘境，只好这里兼课那里兼课，收入不多，实在很辛苦，怎么办呢？这时金耀基先生推荐我，让我出《今译今注》。他很大胆，因为找了一个年轻人，而且还不是国学的。这是我一生第一次体会到老子的“祸福相依”：如果我不被解聘，我就不会去弄这个《今译今注》。说实话，那时候我还年轻，不太坐得住，但是，他预支了两万块钱给我，够我一年的生活，我就只有写。祸福相依，很多事情是这样的，你在困境的时候说不一定一下子走出来，所以，有时候要有逆反思维。

最后我用几句话概括一下老子的整体思想，主要有几点：首先，我觉得老子，或者说道家基本上都很讲平衡，马王堆出土的帛书《黄帝四经》里面就出现了“平衡”这个词。我们说“平衡”，这点很重要。这次我从上海到杭州，我深深感受到整个中国都像一个工地，然后我看到人心都有一点浮动、骚动、躁动，有的更是盲动。所以，在这种情况之下，老子提出要清静，“清静为天下正”，就是针对浮动、骚动、盲动。“归根曰静”，但“反者道之动”，到底是动的，所以老子也不是完全的静，庄子也说“大化流形”、“无动而不变，无时而不移”，每个东西都是一直在动的。所以，我觉得老子是平衡的，如果用一个命题来表述，那就是：动静相养，有无相生，虚实相含。

比如说虚实相含，老子讲天地像风箱一样，天跟地是虚的，但“虚而不屈，动而愈出”。这一方面讲虚静，一方面讲虚动，动跟静也是要平衡的。《老子》第十五章说：“孰能浊以静之徐清？孰能安以动之徐生？”“孰能安以动之徐生”，动得太厉害了，这时候骚动、浮动；“孰能浊以静之徐清”，就是慢慢地静下来，慢慢地让心灵恢复清明，像水一样，搅动后停下来；但安得太久，一潭死水，“安以动之徐生”，就是一潭死水开始慢慢地动，恢复它的生命力。你们都知道海德格尔，他是20世纪影响最大的一个德国哲学家，他翻译了十章《老子》，但是他不懂中文。他请萧师毅用中文写了一个对联在他书房里，就是“孰能浊以静之徐清，孰能安以动之徐生”。这句话我称之为“动静相养”。所以，老子是很平衡的，动静相养，虚实相含，有无相生。

《庄子》今译

老子跟庄子，我个人觉得他们的基本观念，如道德、有无、动静、虚实，这些跟孔孟是相当不同的。徐复观先生就讲：“孔孟的人性论跟老庄的人性论是先秦人性论的中心思想，孔孟基本上是仁、义、礼，而老庄是虚、静、宁。”这是道家基本上共同的主张，但我要说，道家、老庄最大的不同是什么？最大的不同应该是，老子贵柔或者是无为，而庄子应该是贵“游”。《吕氏春秋》就讲孔子贵仁、老子贵柔、关伊子贵清、子列子贵虚，如果这样，我们说庄子贵游，如果是两个字，我觉得就是“游心”。这个“游”不只是说我们精神、心灵的一种自适自得的状态，不只是精神自由的一种表现，我觉得它更是艺术人格的流露。在这一点上，我觉得“游心”是老子没有谈到的。

其实我更喜欢庄子。“北冥有鱼，其名为鲲。鲲之大，不知其几千里也；化而为鸟，其名为鹏。鹏之背，不知其几千里也；怒而飞，其翼若垂天之云……”关于这个寓言我主要想讲两点：第一，他突破了一个封闭的世界，打开了一个无限的宇宙；第二，人生是一个动态的历程。当然，我还有其他的要来解读的。

这里有几个概念、几个词字需要特别注意，比如说“大”，比如说“化”。整个中国哲学，不只是庄子，“化”这个概念是非常重要的。《老子》只出现“自化”，比较倾向于政治教化，但是庄子的“化”是万物在不停地运转、变动，所谓“大化流形”。所以，要观察变化，要参与变化，要顺应变化，要安于所化，这都是庄子在谈的。但是，庄子为什么要描写鲲是这么巨大？“鲲之大，不知其几千里也”，鹏也是，“鹏之背，不知其几千里也”。因为我们一般人生活在现实世界，都被物质形象所羁束住，我们生活的世界，其实是非常人工的。这个寓言后面还有一段话，讲大鹏起飞时，“天之苍苍，其正色邪？其远而无所至极邪？其视下也，亦若是则已矣。”这就是庄子借变形的鲲鹏要突破物质形象的羁束。

我们不知不觉地以为我们都市人很现代，其实坦白讲，都市人是目光如豆、视野短浅、心胸狭隘，自以为现代，其实很可怜，被物质形象拘束住。《秋水篇》中，河神到了海，跟海神对话，透过海神感受“望洋兴叹”、“见笑于大方之家”。庄子借海神讲：“井蛙不可以语于海者，拘于虚也；夏虫不可以语于冰者，笃于时也；曲士不可以语于道者，束于教也。”就是说，空间的锁闭、时间的界限与礼教的束缚使你的思想不能开阔，你的精神始终是一种封闭状态。整个《逍遥游》一开头写“大”，后面讲“大而无用”，“大”应当是“一篇之纲”。

小麻雀茅塞不通，是封闭的心理，庄子借变形鲲鹏的“形之巨大”衬托出心的宽广，其实，他主要是描写大心。心很重要，因为古人认为思想的功能跟精神的作用都是从心出发的，所以，心的概念非常重要。有的人就是被很多观念束缚住了，庄子就是要运用丰富的想象力突破这样一种观念的囚牢。如果把哲学分成概念哲学和想象哲学的话，那亚里士多德是概念哲学，柏拉图是想象哲学；老子是概念哲学，庄子是想象哲学。所以鲲鹏寓言就是运用一种丰富的想象力，突破物质形象的封锁，打开一个封闭的世界，让你的精神可以在一个广阔的、没有限制的空间里纵横驰骋。

“任公子钓大鱼”的故事，可以用来说明一个人的心胸应该要宽广。我个人读《庄子》最大的受用，就是改变了以前的“小心眼”，心胸变得宽广。任公子用五十头牛作饵，蹲在会稽山上，投竿东海，旦旦而钓。突然一条大鱼吞下了诱饵，那激起的波浪跟泰山一样高，海水震荡。任公子钓到这条鱼之后，把它制成腊肉，自浙江以东到苍梧以北，人人吃个饱！所以，他说，在一个小水沟用小蚯蚓钓小虾米，“其于大达亦远矣”。

希望各位记住庄子，做人做事要有一种大的气派！年轻人要有气派、气概、气势，不要连气息都没有。但是，做大事，在起飞之前，要像鲲一样，在海底深息厚养，“且夫水之积也不厚，则其负大舟也无力……风之积也不厚，则其负大翼也无力”；要像《易经》乾卦第一个爻，要“潜龙勿用”；要像老子讲的“九层之台起于累土，千里之行始于足下”，要有耐心，一步一步，做什么事情都要这样。尼采讲“精神三变”，首先要有骆驼精神，忍辱负重，再大的压力也得承受着奔向荒漠。然后，在荒漠里慢慢变成狮子的精神，但是狮子是一个破坏的力量，它要转化成婴儿的精神，标志着一个新价值的开始。所以，尼采讲，人是由禽兽到超人的一条绳索，一条凌驾于深渊之上的绳索，一个危险的途程，一个危险的回顾，一个危险的震荡与停驻。人的伟大之处就在于他是一个桥梁，而不是一个目的，所以，人生是一个过程。存在主义讲，人是一个朝向未来、不断进展的一个历程，人的可爱之处在于他是过渡者，所以，人生就是一个动态的历程。

我突然由尼采发现了庄子，“夫大块载我以形，劳我以生，佚我以老，息我以死。故善吾生者，乃所以善吾死也”，你的死有没有价值，要看你的生来肯定。我这里讲到庄子跟超人，请各位不要误解，超人不是踩在别人肩膀上。尼采讲超人有两个很重要的意义，一个是大地的意义，他肯定人间世，不同于基督教的彼岸的世界，否定此岸；另外，每个人都有他的潜力、驱动力，要不停地发挥。所以，刚刚我们讲到“化而为鸟”，为什么说是一个动态的历程？化，深息厚养之后，你在慢慢地变化你的气质；然后“怒而飞”，奋力而飞，不停地发挥主观的能动性。这个“飞”很重要！尼采和庄子都在讲飞翔，代表着一种精神的上扬。你看看《易经》六个“爻”，往往到了第三个爻、第六个爻都是高亢，要小心谨慎。但是，庄子不受这个篱笆的束缚，他要冲破这个围墙，一直上扬，这就是庄子跟尼采颇为相似的地方。最后，“海运则将徙于南冥”，海风动，六月风，你要掌握时机，掌握“时”，趁势而起。

两个寓言:“材与不材”与“鲁侯养鸟”

《庄子·人间世》有一个寓言，有一个木匠带着几个徒弟去齐国，看到一棵很大很大的栎社树，有多大？树身比山高出十余丈才分出树杈，树之大可以遮蔽几千头牛。观看这树的人很多，可是这个木匠看都不看一眼，他的弟子追过去问：“老师，你为什么瞧都不瞧一眼？”木匠回答说：“这是棵木质松散的无用之木，因为它没有用处，所以才能长这么大。”到了《山木篇》，庄子带他的学生去看朋友，看到一棵很大的树，一个木匠躺旁边睡觉，庄子说："此木以不材得终其天年。"到了故人家，主人看到庄子来了，让儿子杀鹅款待，儿子问："有两只鹅，一只会叫，一只不会叫，杀哪只呢？"主人说："把不会叫的杀了。"第二天，庄子的弟子问："师父，昨天山中之木以不材终其天年，今天主人家的鹅却以不材死，怎么回事？"庄子也被问住了，只好笑说："周将处乎材与不材之间。"这个回答等于是中道路线，似是而非，好像是对，但也不妥当。然而庄子下面讲的话真精彩！"一龙一蛇，与时俱化，一上一下，以和为量。""一龙一蛇"，龙跟蛇，一显一隐，"一上一下"就是一进一退，"与时俱化"，掌握"时"很重要，"以和为量"，"量"是一个准则，和谐最重要。外国老是说"中国威胁论"，我说儒释道都是讲和谐。其实，第一个"道"就是和谐，就是秩序，就是建立一个公共的和谐秩序。所以，"时"跟"和"非常重要。

另一个是鲁侯养鸟。鲁国有一个诸侯，看到一只奇怪的鸟来了，给它喝美酒，给它放音乐，结果它不敢吃一块肉，不敢喝一口酒，忧悲眩视，三天就死了。"此以己养养鸟，非以鸟养养鸟。"所以，有时候你是好意，但是也造成了鸟的死亡，这个寓意就很深刻了，诸位可以自己去体会。

｜问｜我想请问一下，老子的"天地不仁，以万物为刍狗；圣人不仁，以百姓为刍狗"是什么意思？我想请您帮我解释一下。

｜答｜它的意思是说，天地是顺任自然、不偏所爱的，所谓"仁"跟"不仁"都是我们人类的思想感情赋予它的，特别是道德价值判断赋予它的。我虽然欣赏孟子讲人性是善的，就是说人有很多的可能性，人皆可为尧舜，这是很好的；不过，他还是把社会的道德的价值判断、伦理的价值观念附着给人性。尼采也讲到，不同的民族有不同的价值判断，所以，这"仁"就是人赋予它的。

| 问 | 西方很多有基督教思想的学者都希望从中国的经典中，看到中国古人对于上帝的寻求，他们所借鉴最多的版本就是《老子》。很多人认为老子其实已经看到上帝，只是他不说出来，或者说他有一定的局限性。他们从“道可道，非常道”这样的句子里面去寻找中国古人的这种唯一的、原始的信仰，您怎么看？

| 答 | 老子有一句话：“生而不有，为而不恃，长而不宰。”道创生你之后，好像是你自己生出来的一样，道不去主宰你，我觉得这点是非常重要的。但是，如果你读耶和华，读《圣经》，你看到的却不是如此。另外，从人文思想的角度看，中国的人文思想确实比西方早了千百年。殷周之际，因为祖先崇拜，孝、德的人文思想就很盛行，到了诸子的时候，人文思想变成一股思潮。所以，你刚刚讲的最大不同，就是《圣经》一定要“长而宰之，生而有之”，所以我很欣赏老子。罗素也很欣赏老子的这句话，他反复说人要发挥创造的意志，收敛占有的冲动。

| 问 | 关于技术，庄子究竟是肯定还是否定？

| 答 | 技术这个问题，我想可以通过“庖丁解牛”来解读。技艺要出神入化，一定要下苦功，如果没有到达道境或者技术不能提升，那是不学之过，用苏东坡的话说就是应该“技道两进”，庖丁解牛也是如此。呈现道境前都要经历一个历程，也就是要经过一个锻炼的历程，然后才能够专精、出神入化，这里有一个到达道境需下功夫的历程。

还原“诸子体温”

——先秦诸子发生学

杨　义

杨　义　1946年生，广东电白人。中国社会科学研究院中文系教授、文学研究所所长，澳门大学中文系讲座教授，中国鲁迅研究会会长。1970年毕业于中国人民大学新闻系，主要从事中国古典文学、现代文学、文艺理论等多个领域的研究，治学阐幽发微、声名享誉中外，著有《中国现代小说史》、《二十世纪中国文学图志》、《中国叙事学》、《楚辞诗学》、《李杜诗学》等。

我今天讲的题目是“还原‘诸子体温’——先秦诸子发生学”。

先秦诸子的研究，是中国文化的根本性研究，也是对中国文化轴心体的回顾，因此在进行根本性研究的时候，就要从根本入手来探讨中国文化的本原。讲诸子发生学，首先要认识诸子的本质，我觉得有两点很重要：第一，诸子是在中华民族一个大动荡、大转型时期，在应对国家、家族、个人的生存危机的时候，对天道、世道和人道进行思考；第二，诸子是以自己的切身体验，把人类最原始的生存智慧、最原始的民俗信仰转化为思想，这些思想具有“原型性”，古今相通，可以不断地进行解释。只有认识了这两点，我们才能够还原诸子的体温。诸子是怎么写他们的书的？孕育他们思想和文化的母体和基因是什么？他们整个生长过程和当时的生活是怎么样发生联系的？我们要去解决这些问题。

我想通过具体的事例来作说明，先讲《庄子》，再讲《论语》。

《庄子》还原

庄子是宋国人，这是汉代学者的共识。司马迁述先秦诸子，对庄子只作附传，附于《老子韩非列传》，遗憾的是，附传并未交代庄子的祖脉，但祖脉恰恰是庄子继承老子学脉而变异成自身形态的发生学之重要根据。由于祖脉未明，后世对庄学的归属多有猜测，朱熹就认为庄子是楚国人，只有楚国才能出这样独特的思想。近代刘师培作《南北文学不同论》，认为荀卿、吕不韦之书为秦、赵之文，属于北学；老、庄、列之文属于南学，并注明“庄子为宋人，列为郑人，皆地近荆楚者也”。朱自清在《经典常谈》中也称“庄子宋国人，他的思想却接近楚国人”。这些问题如何解释？

在庄子研究中，我们碰到了三个至今未解决的疑团。第一，庄子既然是宋国一个很穷的人，那么《史记》中为什么写楚威王要请庄子当相？对于一位“其言洸洋自恣以适己，故自王公大人不能器之”的草野人物，尚处在强国地位的楚国骤然许为卿相，这是不可想象的，但这类故事在《庄子》中反复出现，尤其是经过太史公的选择而录入列传，是不能视为空穴来风的。第二，庄子是如此之穷，那么这么穷的一个人，他的知识从何而来？写《庄子》可不是一个简单的事情，司马迁说“其学无所不窥”，而当时学在官府，是一种贵族教育。第三，庄子不过是蒙城漆园吏，他有什么资格跟诸侯、将相、士大夫们打交道？这些问题都是我们没法解释的。

历史记载的东西，远远小于历史所没有记载的空白，我们做古代文学的一个办法，就是要从文献入手，而在空白处酝思。意义可能就存在于空白的地方，空白并不等于不存在。

与庄子同时且好与士游的梁惠王、齐宣王并没有聘用庄子，唯独并无好客记载的楚威王却派出专使去迎聘庄子，这表明庄子与楚的因缘深于齐、梁，也深于只给当个漆园吏的宋。不是说喜欢记述人物家世的《史记》没有直言庄子的祖脉吗？我认为这则故事正隐含了庄子祖脉的不言之言。假若从上古姓氏制度作进一步考察，庄子家族渊源的信息就可能浮出水面。《通志 · 氏族略》说：“以谥为氏……庄氏出于楚庄王。”又在“庄氏”一目下作注：“芈姓，楚庄王之后，以谥为氏。楚有大儒曰庄周，六国时尝为蒙漆园吏，著书号《庄子》。齐有庄贾，周有庄辛。”而且庄氏到楚威王时犹有存于楚者，如《史记 · 西南夷列传》载：“楚威王时，使将军庄蹻，将兵循江上，略巴、蜀、黔中以西。庄蹻者，故楚庄王苗裔也。”太史公的这一笔，印证了楚国庄氏是以楚庄王谥号为氏的，可资与楚威王欲聘庄周的故事相参照。因此，庄氏属于楚公族，当为可信，但庄子的年代距离楚庄王已经 200 余年，相隔六七代以上，只能说是相当疏远的公族了。楚庄王作为春秋五霸之一，向北扩张势力，曾破洛水附近的陆浑戎，观兵于周郊，问九鼎于周室，一些楚公族可能充实到新开拓的国土上。大概在庄子出生前 20 余年，楚悼王任用吴起变法，“明法审令，捐不急之官，废公族疏远者，以抚养战斗之士”，“于是南平百越，北并陈、蔡，却三晋，西伐秦”；并且“令贵人往实广虚之地，皆甚苦之”，甚至降为平民耕于野。及悼王死，宗室大臣作乱而攻吴起，射吴起并中悼王尸，被新即位的楚肃王论罪夷宗死者 70 余家，庄子的家族可能受牵连，避祸迁居宋国。以上的梳理若能得到认可，那么庄子家族于楚，是有国难归的逐民。正由于家族奔宋，已破落为平民，他论“至德之世，同与禽兽居，族与万物并”，“禽兽可系羁而游，鸟鹊之巢可攀援而窥”就仿佛闪烁着他的童年记忆。又由于虽然流亡，毕竟是公族，在那个学在官府的时代，他就有可能“于学无所不窥”，才能写出如此奇妙的《庄子》。庄子穷如涸辙之鱼，靠贷借升斗之粟为炊，“处穷闾巷，困窘织屦，槁项黄馘”，在那个等级森严的时代，也只有凭着破落贵族后裔的身份，才有可能与士人、官员甚至王者交往，也唯此才可能发生楚王派使者对流散的公族中有才能者访聘之事。

楚威王即位离吴起变法已40余年，肃王之后又隔了宣王一代，身边还有庄蹻一类公族大臣，以及与“夷宗死者七十余家”有关系者的推动，是有可能萌动纠正冤案，对流亡公族后裔“落实政策”的念头。但庄子难忘家族破毁的记忆，宁可曳尾于涂，也不愿再当政治斗争的牺牲品。如此梳理庄子的家族渊源，我们就获得一把钥匙，真切地解开《庄子》书为何写成这个样子的秘密，比如他笔下的楚国故事，如郢匠挥斤、痀偻承蜩、抱瓮丈人何以如此神奇，因为那是祖辈父辈所讲述的遥远的故乡传说；而宋国漂絮者有不皲手的祖传妙药，只能世世漂絮，而别人用此药于吴越冬日水战，却可裂土封爵，此类宋人愚拙故事，是由于庄氏家族流亡后未能融入宋国的缘故。

总之，以此角度读《庄子》，你时时会感受到一个破落流亡贵族之苗裔在宋地作楚思的活生生的情境和秘密。由于庄子家族被迫离开故土，所以，这个家族有着迁徙的精神底色，这就是《庄子》中鲜明的南方情结的深层心理原因。在《秋水》中，庄子由于受故人惠施无端怀疑，说要谋取其梁相地位，就向惠施讲了一则辛辣的寓言，其中说道：“南方有鸟，其名为鹓鶵，子知之乎？夫鹓鶵发于南海而飞于北海。”庄子家族生于南方，他便自居为“南方有鸟”，而且自拟为楚人崇尚的鸾凤。其家族迁于北方，便说“发于南海而飞于北海”，在鸟由南飞北的叙述中，隐含着庄子家族由楚至宋迁徙的踪迹。“鹓鶵受鸱的腐鼠之吓，是有鸟自南，发于南海而飞于北海”，那么在《逍遥游》中，鲲鹏受斥鴳之讥，是有鸟图南，发于北冥而飞于南冥，这同样可以体验到庄子有一种南方情结和大迁徙情结，这可能无意识地隐含着他家族的历史记忆。

我们做研究，应该有一种有感觉的思想，同时有一种有思想的感觉。听话听音，庄子说了这么多话，你要听出他的言外之音是什么，有这种感觉才能触到他的体温。我们跟考古学学者不同，考古学学者看到一样器物是记录到它的年代、它的形制，而我们呢？我们还要看到这个器物是谁造的，为什么要造到这个样子，也就是要看到造器物背后的人是怎么想的。

历史存在着很多的空白，空白的地方远远比记录下来的地方大，但是空白不等于不存在。清朝的时候，浙江萧山有一个学者叫毛奇龄，他讲过一句话，说："六经无髭髯。"也就是说，六经没有"髭髯"这两个字，但这并不等于说中国人的胡子是在汉代才长出来的。存在不存在这个问题，和关注不关注这个问题、记录不记录这个问题是两回事。一些东西历史上没有记载，这并不就等于它不存在。文献学是在实处用功，但是很多事物的意义存在于它的空白处，即我们需要从实处用工夫，同时也需要通过空白处来寻找意义。老子讲，天地之间就像一个大风箱，大风箱除了有皮囊和拉杆这样实的东西之外，还要有空的东西，不然风箱如何出风？所以，空白处也是存在意义的。

《论语》还原

研究一个诸子的时候，先要看其特点、本质为何。《论语》的本质是什么呢？大家都承认，《论语》不是孔子写的，是他的弟子和再传弟子编的，但是我们的承认到此为止，没有往前再想一步：既然是弟子和再传弟子编的，那么这是一本什么样的书呢？

第一，既然是弟子编的，就包含了弟子和再传弟子对老师的理解。换言之，孔子就是弟子理解中的孔子。第二，既然是编的，谁负主编的责任？这个是很关键的问题。孔夫子身后"儒分为八"，分成了很多的派别，不同派别之间是有不同意见的。"儒分为八"，那么对于不同意见的那些派别里的人，孔夫子讲别人的好话他可能就不收集，或许收得不那么全；讲他自己的好话时，就可能全收进来了，甚至还加了形容词。如果存在这样的问题，我们就要看《论语》到底是谁编的。

我们现在相信宋儒的说法，说《论语》是曾子的弟子编的，可能还有曾子的弟子所给的一些条目。这个有没有根据呢？是有根据的。

明显的证据，是《泰伯篇》有两章记曾子病危，其中一章是孟敬子问疾，曾子说：“鸟之将死，其鸣也哀；人之将死，其言也善。”记曾子临终遗言，而且所述曾参的十几条绝大多数皆以“曾子”称之，非曾门弟子难有如此手笔。柳宗元说：“今所记独曾子最后死，余是以知之，盖乐正子春、子思之徒与为之尔。”柳文所以明指乐正子春，是缘于《礼记·檀弓上》记述曾子病笃，有曾子弟子乐正子春和曾子的两个儿子在场：“曾子寝疾病，乐正子春坐于床下，曾元、曾申坐于足，童子隅坐而执烛。”因童子提醒所寝的竹席是华丽光泽的大夫席，曾子不愿越礼而换席，这就留下了“曾子之死不忘易箦，子路之死不忘结缨”的守礼佳话。《论语》中的曾子临终遗言，也只能是守护在身旁的乐正子春所录。至于曾门弟子中特别提及子思，原因一方面他是孔子之孙；另一方面他是思孟学派的开宗者，可以强化《论语》纯正的道统地位。

如果只是曾子的弟子们编的，那么《论语》中有很多问题无法解释，比如据统计，《论语》中孔门弟子出现次数最多的，依次是子路(42次)、子贡(38次)、颜回(21次)。为何子路、颜回这些人出现频率如此之大？子路、颜回在孔子之前就死了，他们没有私家弟子，而曾子比孔子小46岁，还比孔子多活了1岁，就是说孔子死时73岁，曾子死时74岁，也就是说曾子死的时候离孔子、子路和颜回的死已经大概50年了，50年之后，自己没有私家弟子，靠别人的弟子或者是再传弟子来回忆一个人，是不可能有这么多的材料的，更不用说是鲜活的、有现场感的材料，别人也没有这样的责任和义务。这是一个问题。

再有一个问题，孔门有四科，四科里面有10个哲人，“孔门四科”是什么呢？德行科、言语科、政事科、文学科。四科里有10个哲人，也就是孔子最优秀的10个弟子。那么，这个名单是谁定的？显然不是孔子定的。因为十哲都称字，比如说，颜回不叫颜回，叫颜渊；端木赐不叫端木赐，叫子贡；冉雍也不叫冉雍，叫仲弓，这显然不是老师的语气，老师对弟子是直呼其名的，只有弟子之间或者是弟子对老师才称字，因为称字是一种尊敬的称法。十哲称字表明十哲显然不是孔子所定的名单，那是谁定的呢？刚才我们不是说《论语》是曾子的弟子编的吗？十哲是很重要的，是跟孔子一块祭祀的，十哲是孔门的大弟子，但是十哲无曾。这就怪了，我们讲孔门弟子，现在十哲里没有曾子，曾子的弟子对老师这么不尊敬？十哲无曾，这又是一个问题。

十哲里面还有一个公案，是什么呢？十哲的资格，颜渊、闵子骞、子贡，实至名归，宰我却屡受孔子批评。冉有、子路除了顺序应该调整外，本来也没有问题，问题在于依次为鲁国季氏宰的子路、仲弓、冉有三人，两人列于政事科，唯独仲弓归入德行科。德行是孔门最崇尚的科目，是道统传承之所依，这里却出现了冉氏家族的两人，冉伯牛是仲弓的父辈，先秦文献对其德行没有其他记载，只记孔子痛惜他患麻风恶疾而死。仲弓曾任季氏宰，当然不乏实力，但是《论语》记孔子称赞他“雍也，可使南面”，似乎不是主张非礼勿言、过犹不及的夫子之言，而且德行科四哲，此时冉伯牛、颜渊已死，闵子骞年高不仕，也不会留在泗上庐墓了，德行科只有仲弓“一枝独秀”，宛然成为传道统的不可替代的人物了。论才学，子游、子夏列于文学科是相称的，但他们当时还是 30 岁左右的晚辈。同辈中的曾参在其后的道统传承中的重要性不在他们之下，却没有列入十哲，而在同一《先进篇》中，反落下“参也鲁”的话柄，这是很不公平的。因此，“十哲无曾”与“德行存弓”，都是《论语》研究中必须面对的公案。

我们过去相信宋儒，但是很难解释四科十哲中没有曾子，而传道统的是仲弓，所以说《论语》的编辑是很复杂的。我们再看看汉儒是怎么说的。汉儒说《论语》是子贡等 46 人编的，是子贡跟他的师兄弟等 46 人在孔子墓前守孝时编的。子贡在孔子的墓前搭了一个草棚守孝 6 年，其他弟子守孝 3 年；就是说，孔子刚死的时候，弟子们给他守孝 3 年的时候编的，那么这个主编是谁呢？汉儒郑玄说是由仲弓、子游、子夏等编的，仲弓变成了主编，所以才出现了这么一个问题。仲弓、子夏、荀子是通汉儒的，曾子、子思、孟子是通宋儒的。荀子对孔门的弟子都不太尊敬，荀子虽然是儒家，对孔子尊敬，但是对孔门的弟子不尊敬，他甚至说子思、孟子是罪人。荀子跟孟子不是一个学派的，他所推崇的是仲弓，他说孔子与仲弓是圣人，要上遵舜和禹的制度，下循孔子、仲弓之法，就是说舜、禹、孔子、仲弓是他的道统所在，这是通汉儒的，所以汉宋两个儒学最大的学派在《论语》的编纂中碰了头。

由于曾门弟子二度编纂，《论语》中曾子的地位明显提升。人们对“参也鲁”不再强调，或作另解，反而觉得他是孔子之道真正的体悟者和实践者。《里仁篇》说：“子曰：‘参乎！吾道一以贯之。’曾子曰：‘唯。’子出，门人问曰：‘何谓也？’曾子曰：‘夫子之道，忠恕而已矣。’”何谓恕？《卫灵公篇》说：“子贡问曰：‘有一言而可终身行之者乎？’子曰：‘其恕乎！己所不欲，勿施于人。’”同篇又说：“子曰：‘赐也，女以予为多学而识之者与？’对曰：‘然，非与？’曰：‘非也，予一以贯之。’”对于孔子的恕道、道以一贯这类根本性的命题，子贡是问而后知，曾子是未问而悟，他们对于孔子之道的契合境界是有微妙的先觉、后觉之别的。《论语》材料来自多源，异时异人提供了异异同同之说，是需要相互比较、参悟其细微的差异并辨析其弦外之音的，这是至关重要的《论语》读法。“恕”既如此，至于“忠”，著名的“曾子三省”首列“为人谋而不忠乎”。从积极的意义上理解这种“为人谋”的“忠”之含义，就是子贡问仁时孔子所答：“己欲立而立人，己欲达而达人。”即凭曾子对忠恕之道的把握，以及一日三省的修养之道的提倡，他在孔门诸贤中已堪称特出。

孔子喜欢以登堂入室的弟子随侍言志论学，这类记述常在师弟的比较之间显示精神境界的高下。其中《先进篇》记“子路、曾皙、冉有、公西华侍坐”，“各言其志”最为精彩。这里的侍坐相较侍立、侍侧待遇更高，而且曾点还有在一边鼓瑟的特殊待遇，大家讲完后还专门留下曾点与孔子一道进行评议，这些地方都不妨看做是经过曾门弟子精心点染的。轮流言志之时，子路还是急躁，他治国尚武，冉有治国足民，公孙华情愿当个执礼的小相，随之画龙点睛的一笔，是曾点铿然止瑟，起而言志：“莫春者，春服既成，冠者五六人，童子六七人，浴乎沂，风乎舞雩，咏而归。”孔子喟然叹曰：“吾与点也！”这是《论语》中最具旷野清新气息的话语，它重返被过多的人伦礼节淡忘了的自然意识和自我趣味，令人眼睛为之一亮。曾点的这种风度与其说是孔子传授给他，不如说是他感动了孔子，这可看做是曾门精心撰写的一则“家族神话”。可以说，孔子“吾与点”之叹，与曾子“道一贯”之悟，是曾子门人重编《论语》的两个亮点。

曾门弟子重编《论语》的原则，除了强化曾子的道统地位之外，对于已有的或其他来源的材料，大体上采取兼容的态度。前述孔子殁、弟子守服时汇总的材料，既然出自前辈之手，又经数十年的流布，按理不宜过分删改，不然《论语》中人物称呼也不致如此杂乱。有子材料的情形，亦复如此。所以我们说《论语》曾经编过两次，这两次分别通向汉儒和宋儒。

为什么能够发现这些问题呢？我的同事说 2000 年都没有人提出这些问题。是的，清以前的人是崇圣，圣贤的事情不敢怀疑，圣贤做的手脚自然看不出来。民国以后学者是要打倒孔家店的，谁还看它背后的东西？而我们这一代学者，是要对一个现代大国文化的根脉进行一番梳理。由于我们有这么一种想法，所以我们对圣贤的东西也要进行分析。我们与古人是友好的对话伙伴，我们的文化哲学是与古人一样伟大的，同时我们又不拿古人的伟大把自己吓倒了，而是留给现代人以充分的具创造性的空间。古今要互通智慧，不要埋怨，我们采取的是这么一个文化态度；而文化态度变了，你所看到的世界也就变了。之所以现在能对先秦的研究有所作为，是因为我们采取了一种非常客观的态度，一种现代大国要把自己的文化根系清理清楚的一种态度。当然我们还可以说，清代的学者、民国的学者有很大的成就，当然也存在着明显的缺陷。看不到前人的缺陷，只是一味地仰脖子，把自己的脖子仰酸了，这是很难在学术上有开创作为的。清人的毛病在哪？民国人的毛病在哪？我们看出了他们的毛病，就看出了我们的创造空间，就看出了我们作为这一代学者的位置。

| 问 | 您从小一直到大学接受的是一种怎样的教育，您又是以一种怎样的态度进行诸子研究的呢？

| 答 | 我们这一代学者实际上没有受到多少的训练，我是“文革”前的最后一届大学生，1965 年进校，第二年“文革”就开始了。在“文革”

时期，我没有荒废自己的时间，用来读书。在那个时候，我对文史哲，无所不读。我记得当时买了一本《资本论》，把它读完了，虽然看不太懂，但是很有必要：年轻的时候读几本大书，对于涵养一个人的气魄有很大的帮助，你会认识一个伟大的思想、一部伟大的著作，会知道一代伟人是如何思考问题的。我常常讲，少年的时候多读名著，开阔视野；青年的时候读几本大书，涵养气魄；到中年的时候没有精力读书了，就读专业书；到晚年的时候读一些杂书，会有一定的感想。

至于研究的态度，我觉得应该读几本大书，开拓一下自己的知识内容，不要把自己局限在纯文学里面。你看我讲《庄子》、《论语》，这些就不仅仅是纯文学的东西了。做研究就要使自己的思想跳起舞来，不要使自己的思想趴下去，像蜗牛一样。就像庄子看到蜗牛，还想到两个国家在打仗呢。

| 问 | 您对于"《老子》还原"是什么样的态度？

| 答 | 老子有很高的智慧。如果我们要还原老子的话，先秦诸子中，唯有老子有女性生殖崇拜的思想。《道德经》第六章说："谷神不死，是谓玄牝。玄牝之门，是谓天地根。""玄牝"是女性的生殖之门，是天地的根。还有一个例子，根据我的研究，老子是无父的，再有学问的专家也考证不出老子的父亲或者老子的父系。老子很可能出生在一个母系社会，为什么？《史记·老子列传》里有唐人的索引，说老子的母亲姓李，老子因母得姓，这种姓氏制度是母系社会的。还有一句话，就是老子的母亲生老子的时候，指着门口的李树起了一个姓，这也是母系社会的一种习惯。那么春秋时期怎么还存在母系社会？这是因为中国发展不平衡。在楚国的遥远边境上，很可能就存在着一个小规模的母系社会的部落，或者是母系社会信仰的残遗还存在于这样的一个部落。包括老子的小国寡民这样一种理想状态的描述："鸡犬相闻，老死不相往来"，我们不要简单地把它看成是一种想象，它实则包含着老子的童年记忆。一个人的知识中潜在的东西是会制约你生命的感觉的。

弄花香满衣

——阅读大学的六种方式

陈平原

陈平原 1954年生，广东潮州人。北京大学中文系教授、二十世纪中国文化研究中心学术委员会主任，中国俗文学学会会长。1984年获中山大学文学硕士学位，1987年获北京大学文学博士学位。主要从事文学史、文化史、教育史、思想史等方面的研究，著有《中国小说叙事模式的转变》、《二十世纪中国小说史》、《中国现代学术之建立》、《文学史的形成与建构》等。

今天我想同大家聊聊大学的问题。

我们所说的“上大学”和“读大学”其实有很大不同：“上大学”很明确，就是在大学校园里面读书、考试、嬉戏、娱乐；而“读大学”不一样，它是把大学作为一种有血有肉的教育形式、社会组织、文化精神来阅读。把大学作为自己的阅读对象，是办大学的应有之意，但现在很多人只是在大学里面念书，并没有把它当做培养人、教育人、传播知识的机构对象来阅读。我希望，我们不仅要思考大学里面传播的知识，更要把大学生产知识的途径、目标、手段和宗旨，作为反省的对象。

不要小看“大学”这两个字，这两个字好写不好读。大学以及相关问题，比如说教育理念、运作程序、经费管理、课程设置、教材编写、考试形式、社会责任，等等，其实是一门很专业的学问。在我看来，谈大学有两种，一种是专家所写的发表在教育学报的那种，即所谓教育学；另一种是面对公众发言，刊登在报纸专栏、文化期刊、学术演讲的那种，即从大教育的角度来考虑问题，谈论中国大学问题。我觉得后者也许更值得我们关注。

每一位专家学者，每一个关注中国现代化进程的读书人，包括大学生，都应该关心中国的大学。中国大学往哪走，能往哪个地方走，将来会走到什么地方，跟你我对它的关注和介入不无关系。我希望，我的同辈，我的学生们，都关注我们的大学。我更加期待，曾经的山重水复，能促成日后的柳暗花明。下面我谈的六个问题，就是阅读大学的六种方式。

作为话题的大学

今日中国，关于大学的历史和现状、功用和精神，日益成为街头巷尾的谈资，各大媒体讨论大学的现象是古今中外一大奇观。大学成为整个社会的热点，为什么？

第一，外在原因。中国的政治体制、经济环境、法律规范、学术发展等状况，确实跟大学有千丝万缕的联系；第二，内在原因。年年扩招，高等教育已经大众化了，大学的是是非非牵涉到千家万户的命运。

此外，还有其他原因。这里，我主要谈一下内在原因。第一，中国的大学体制和教学方式有问题。不管你在大学里面还是大学外面，我们都能隐隐感觉到这个问题；第二，和现在整个社会环境一样，大学也处在转型期；第三，正因为处在转型阶段，就存在着往各个方向发展的可能性，公众具有批评和建议的热情。在西方，经过近 500 年的发展，大学已经定型了，就是这个样子，你说也没用，所以大家对它的关注相对少一点。中国 10 年前不一样，20 年前不一样，50 年前更不一样。我们都知道，中国大学还在动，所以我们希望介入、影响，让它往我们希望发展的方向发展。总之，由于外在的、内在的原因，大学已成为整个社会、整个知识界所关注的一个热点。

举个例子来说，大学的扩招问题。中国大学大概从 1998 年开始扩招，这一动向关涉到学生的学习和生存问题，学习是读书的状态，生存是将来毕业以后找工作的事情。2007 年发布的教育统计报告显示，2006 年全国普通、成人本专科(高职)招生 724.44 万，全国高等教育在校生包括本科、硕士、博士达到了 2500 万，这等于欧洲一个中等国家的人口。中国大学生规模天下第一，这已经是不可逆转的事实。各大高校大扩招、大发展的背后隐含着深层矛盾，即很多大学面临着破产的危险。贷款扩招，扩招再贷款，高校在这个泥潭里面越滚越深，高等教育面临着灭顶之灾。也正是在这种连续扩招和教育产业化的双重夹击下，大学的性格在蜕变，大学的精神在沦落，熙熙攘攘的大学校园再也不是原先那种象牙塔了。

大学作为公众关注的对象是有道理的，我们是纳税人，有必要进行关注。但是，这个关注中，我希望走出愤青的思路。今天的大学被新闻化、娱乐化了。大学教授在娱乐版出现，且其风头不逊色于娱乐明星，这是很不正常的现象，实在有损大学形象。

作为文本的大学

我谈大学有一个特点，不把专业背景、文学研究的思路和趣味带到教育史的研究里面来。比如说，我一般不讨论教学管理、制度建设、科研经费等问题，也不谈如何筹款、如何建楼、如何教学，等等，我就谈一些有关大学的传说、趣事和神话。

不避雅俗，兼及文史，在叙事和论述之间保持必要的张力，这是我谈大学的姿态，所以我也就特别关注作为“文本”的大学。文本可以是正儿八经的校史，可以是丰富芜杂的文献资料，也可以是五彩缤纷的故事、传说、人物传记，等等。别有幽怀的论者，大都喜欢用人物或故事来陈述自家见解，那样显得更加可爱，更有亲和力，“动之以情，晓之以理”，我特别关注正史和稗史，大学史和政治史，虚构、抒情和写实的，校园文学和关于校园的文学。在不同的文类边界中，自由地穿梭走动，在阅读中思考、反省、对话，这就是我所关注的大学文本。

当然，不同的文本资料会呈现出不同的大学特征，而不同的读者也会从中解读出不同的观点。比如说新文化运动的主将、曾任北大校长的胡适，其早年留学美国，归国后就以一种建设者的姿态来发言。批评家和建设者是两种不同的思路，和充满激情的批评相比，强调建设会显得黯然失色，因为强调建设就会显得平实，还受制于性格、学识、才情以及现实条件的制约，而不像批评那样热血沸腾。1930 年，胡适和罗隆基、梁实秋等人著《人权论集》，提倡人权，最后被国民党政府禁止了。胡适在序言中借用了“鹦鹉救火”的故事，明知小小的翅膀滴下的水未必能救火，但也要尽一点微弱的力量，减少一点良心上的谴责。胡适想用这个故事表达一个观点，知识分子，尤其是中国的知识分子不能等到我一定能救火了才来救，首先是心情，一种不忍见被大火烧伤的心情。如果把这种心情带入到发言和思考中，那么我们对中国的大学就会有另外一种姿态。

同一个故事，同一个文本，会有不同的解读。比如对同样的“鹦鹉救火”，瞿秋白就写了一篇文章叫《王道诗话》，认为胡适不是一个真正提倡人权的人，讲“鹦鹉救火”的故事不过是粉饰国民党的反动统治，以鹦鹉自喻，以滴水之功来表白心迹。大概所有的大学文本都会有这个问题。诸位比较熟悉浙大的校史，浙大文本有各种各样的读法，有师长的读法，有学弟的读法，有校外的读法，有校内的读法，等等。每个人的读法是不一样的，面对五彩斑斓的大学的文本，要保持自己的阅读兴趣，并且保持一个反省、批判的精神。

作为象征的大学

谈论作为“象征”的大学，最容易被提及的是西南联大。西南联大从1937年到1946年总共9年，8000多名在校生，3000多名毕业生，培养出了一堆人才，很了不起。

这些年来，关于西南联大，有不少校史资料以及研究著作出版，还一些当时年轻的教师日后对西南联大生活的追忆，记录大学各种琐碎事件的日记，以及小说作品、散文随笔，等等。这些资料让我们今天对西南联大有越来越多的了解，同时也给我们带来了很大的震撼，且日渐进入西南联大的历史情境，包括其日常生活、政治激情、文学课堂以及学术环境等。其中，沈从文和汪曾祺，给我们提供了联大文学教育的精彩场景。

汪先生追忆西南联大的三篇文章，第一篇《泡茶馆》，第二篇《西南联大中文系》，第三篇《沈从文先生在西南联大》，都是妙文。“泡茶馆”是当时自由自在的大学生活的象征，在那个特定状态下，泡茶馆给了学生阅读、思考、讨论、创作的自由空间，文章最后一段说，泡茶馆对西南联大的学生来说，第一，养其浩然之气；第二，茶馆出人才，不是穷泡，不是瞎聊，茶馆里照样读书；第三，在茶馆里可以接触社会，让你对各种各样的人，各种各样的生活发生兴趣。《沈从文先生在西南联大》是为北大80周年校庆而作。老北大和西南联大是一脉相承，汪曾祺写文章时，特别强调联大老师讲课从来没人干涉，想讲什么就讲什么，想怎么讲就怎么讲。

作为象征，不仅仅是西南联大值得我们追忆，还有好多好多大学值得我们追忆，特别是一些在历史上有深远影响但却并不知名的学府。无锡国专、新亚书院、南洋大学，我们今天还要谈到它们，关键在于它们的精神。现在很多大学过于注重经费、排名、获奖，而忽视了大学的精神。我看了西南联大的照片，特别感动，他们的那种精神是写在脸上的。虽然穿得破破烂烂，但是一个个站在那儿都很精神，比我们的大学合照好看多了。大学精神要谈论，不谈论它就会消失。谈论它、继承它、发扬它，它才能延续下去。

作为箭垛的大学

有这么一个笑话：某同学到外地大学找朋友，朋友不在，隔壁的同学一听说是北大博士生，立刻把他赶出来，还说：你不说北大我还不生气，你一说北大，非让你马上离开这里不可。这故事弄得北大的留学生很紧张，不知道出门该如何应对，是否需要乔装打扮。我说，没那么严重，这笑话背后，是很多人对北大爱恨交加，故喜欢拿北大“开涮”。北大成为话题，成为箭垛，成为大家拿来开玩笑、谈论的目标，那么，作为箭垛的大学要如何看待知名度提高的情状？誉之所至，谤必随之，这是我们必须面对的一个问题。其实，国际上也有很多高知名度的大学，今天也备受各种“道德诉求”以及“流言蜚语”的困扰。在我看来，这些批评，有的切中要害，有的则未必。

举个例子，最近媒体在炒北大科技园区建五星级酒店的事，主要批评中有这么两条：钱都用来建酒店，怎么支持“本科基础教育、维系学术的正源与本色”？其实，建酒店的钱，是科技园区自己筹集来的，是一种企业投资行为，根本不可能转而用来支持本科教学。有趣的是，在校园附近建酒店，好多大学都有类似的举措，而且开业在先，未见纷争。为何轮到北大，就引起这么大的风波？背后的原因是，公众不满中国大学近年来的表现：学术水平没有多少提升，而校园建筑却越来越富丽堂皇。正是这一点，使得很多人对大学“有气”，于是，只好拿北大“说事”。一些对北大的批评，也许不够准确，但背后的问题意识，却具普遍性。

想起 20 世纪 20 年代初，当时新文化运动结束，北大名声日盛，胡适说了一句话，“暴得大名，不详”。直到今天，很多人跟我说，北大是精神乐土，是文化圣地，别的学校堕落了，北大不能堕落。把北大扛在这个位置上，北大会非常难受。不管妥协是否合适，大家都不允许北大妥协。我说“只恐双溪蚱蜢舟，载不动，许多愁”，对于北大来说，现实生活中不可能那么纯粹，肯定有很多的杂质；不容许北大有杂质，正所谓爱之深、恨之切，所以我们对北大会有这么一种判断。万千宠爱集于一身，不骂你骂谁。

北大做每一件事情，都有人指手画脚，对他们来说非常困难；但是，对中国来说，北大这个箭靶的存在是有意义的。学者、教授们在指责北大、发表意见，别以为他们是在谈北大，其实他们是在谈自己大学的问题，借北大表达他们对大学的想象，所以，虽然北大本身的改革没有什么成功，但是它却为中国人贡献了一个大学改革的话题。

作为景观的大学

将英国的剑桥大学作为旅游景观来论述，不是蔑视它悠久的传统和辉煌的学术，而是想突出剑桥大学在中国人心目中的形象；这个形象跟一位诗人徐志摩有直接的联系。我到剑桥访问的时候，剑桥一位教授带着我在校园里面转，一边转一边告诉我说，太感谢徐志摩了，今天校园里面一大堆中国人来旅游，很多中国人到英国念书，他们对剑桥的仰慕和熟知与徐志摩的那首《再别康桥》相关。所以我开玩笑说，徐志摩是剑桥大学的形象大使，他的经历、他的诗文，他的风神俊朗、他的风流儒雅，等等，构成了我们想象中的剑桥大学。

徐志摩的那首《再别康桥》，“轻轻的我走了，正如我轻轻的来；我轻轻的招手，作别西天的云彩”，诗中含有多少浪漫情怀！许多人把这当做旅游指南，其中只说“满载一船星辉，在星辉斑斓里放歌”，并不足以完全呈现剑桥大学。徐志摩写了三首有关康桥的诗：《康桥，再会吧》、《我所知道的康桥》和《再别康桥》，凡是去过剑桥的人，马上就会出现一个问题，如果想了解剑桥的人文和历史，徐志摩诗中所提供的信息几乎等于零，因为其中没有人名，没有地名，没有建筑，而只有诗的语言；你不知道剑桥有多少学院，图书馆在哪儿，课程设计如何，该怎样利用或欣赏这所著名大学的学术资源，等等。《我所知道的康桥》中提供了若干有用的信息，如康河分成几段，两岸有常青的草坪，以及蜚声世界的学院，当然还有那句最有名的表白，“我这一辈子就只那一春”，“带一卷书，走十里路，选一块清净地，看天，听鸟，读书，倦了时，和身在草绵绵处寻梦去……”，这当然很抒情，但这种情感不见得非在康桥才有，在别的地方照样可以有。换句话说，诗人敏感地察觉到这所大学自然的美，但是却忽略了大学作为获取知识的一个场所本身具有的魅力。

同样是在康桥的另一位作家——萧乾，他写过一篇文章《负笈剑桥》，文章抒情笔墨不多，夹叙夹议，追忆自己留学生涯的同时，介绍了这所大学的历史、建筑、风景、学术特色、课外活动等。这些东西不完全是指南，很多是讲自己的经历和感想，只不过中间穿插了有关的史料，所以，同样读这两个作品，我到剑桥之前，得益于萧乾的远远比得益于徐志摩的要多。萧乾对剑桥大学建筑、教学及科研方面的了解，明显在徐志摩之上。徐志摩给我们描摹的，是一个充满诗情画意的剑桥，那当然是剑桥，但不是剑桥的全部。萧乾则告诉我们另外一个剑桥，即这所大学理智和冷静的一面，那就是对真理的刻苦追求。

我读过许多关于剑桥的文字，其中不乏精彩的作品，但是要我推荐，我建议大家同时读徐志摩、萧乾二人之文，因为这两个人能让你在很短的时间内，对这个大学有大致的印象；而且我认为这两篇文章不可偏废，它们一个呈现了大学的历史、学术、文化层面，另一个则呈现了大学抒情和写意的一面。

作为文物的大学

作为文物的大学是指凝固着历史、文化，以及作为精神守护和见证者的老建筑。为学生营造一个能够沉醉于其中，同时又具有很好的人文氛围的校园，是大学的责任。大学校园的环境影响学生的情趣，影响学生的趣味，影响学生的自我期待。北大的学生为什么有那么大的政治热情，以天下为己任，而且时刻保持着一种强劲的战斗精神？其中一个重要原因，与北大最早建在景山脚下有关。校园建在故宫旁边，从校园里面就看得见皇宫，学生在一个看得见皇宫的地方念书，很容易养成一种政治期待。

我谈大学的建筑，关心的是建筑的文化内涵，而不是建筑的外形。房子盖得好不好，是建筑学家关心的事，而不是文化人要关心的；文化人要关心的是在房子里面曾经发生过的故事。现在的人谈论大学动辄牛津、剑桥、哈佛、耶鲁，却忽视了宋元明清时期中国的书院传统，以及晚清以后中国的大学经验。这样的改革是找不着北的，只谈哈佛、耶鲁、牛津、剑桥不会解决中国的问题，中国的书院传统，以及晚清以后的大学经验，才是今天中国大学改革一个重要的参照系。1992 年，在一个落日余辉的下午，我第一次拜登河南登封的嵩阳书院，门口那副对联“海纳百川有容乃大，壁立千仞无欲则刚”，以及书院里面的道统祠和历尽沧桑的《汉封将军柏碑》，顿时让我肃然起敬。

我们能够借校园、借建筑，来讲历史、文化，再来讲学术和精神。所谓大学者，非有大楼之谓也，有大师之谓也。在大楼、大师两个争论中，我当然站在大师这个位置上，但是，这么说并不等于漠视大学校园里面作为物质形态的大楼。实际上，矗立于校园里面的各种建筑，不论高低雅俗，都镌刻了各个大学所经受的风雨历程，以及指引我们进入历史的文化地图。拜访任何一所老大学，都会有热心人给你指指点点，告诉你这个角落、那个楼梯、东边操场、西边塔楼，以及曾经发生的有趣的故事。这些附着在建筑上的人物、故事，连同那个饱经沧桑的老房子，早就成为大学史的重要组成部分。我当初写《老北大的故事》，其灵感趣味很大程度也得益于这些建筑遗存。

说到建筑，我想提醒各位一点，在民国时期，中国的大学分三种：国立大学、私立大学和教会大学。在这么多大学里面，你会发现一个特点，凡是教会大学的建筑都比较倾向于传统中国建筑，而凡是国立大学的建筑都比较西洋化，为什么？我们国立大学希望走向世界，教会大学则希望被本土所接纳，现在北京大学的校园是原来的燕京大学，中山大学的校园是原来的闽南大学，南京师范大学的校园则是金陵女子大学，凡是这一类大学，都力图用传统的建筑形式来表达它们融入本土的愿望。可是，今天中国大学中只有湖南大学里面保存了一个岳麓书院，象征性地体现了古今之间的对话，我们的书院传统基本上已经中断。

老校友对于大学的回忆，一半来自于给自己传道授业解惑的师长，另一半则来自于那些有过自己青春印记的校园建筑，但现在所有的老校友回到学校，却发现校园里面已经面目一新。按照我的思路，借助文化遗存，思绪千古，浮想联翩，带有人文气息的成分；但同时你也可以想象，老校友回到陌生的新校园，没有记忆，没有怀想，自然也就没有了认同感。大学靠两种东西凝聚，第一种是老师，第二种是校园。

对于今天就读的大学生来说，漫步在绿荫的校园，穿梭在不同的历史时空，在古典和现代的不断对话中，发奋推进学问，演绎五彩人生，这是顺理成章的。而在这个意义上，建筑的风华绝代和学问的博大精深，两者是相辅相成的。

汪曾祺先生曾经写过一篇名为《香港的高楼和北京的大树》的文章，书中说："所谓故国者，非有乔木之谓也，然而没有乔木，是不成其故国的。……至少在明朝的时候，北京的老树就有名了，北京有大树，北京才成其为北京。"套用一句话来说，大学校园没有饱经沧桑的老房子，也就不能称其为历史悠久的著名大学。

| 问 | 您提出以后的中国大学可以把中国传统的书院精神和现在的大学融为一体，那么，在比较有中国特色的管理体制下，中国的大学该如何做？

| 答 | 你知道我只是一个教授，不是一个校长，更不是教育部长，所以我没有能力改变现在整个大学的生态。如何把中国传统书院的精神以及晚清以后现代大学的经验，同现代所谓的跟国际接轨结合起来，我只能是纸上谈兵。换句话说，我会在许多文章中谈这个问题，但是，我没有办法实现这个理想。

举一个小小的例子，你就会明白我的思路。作为一个教师，我跟你们一样，我们的研究生超过本科生，所以研究生教学是一个很重要的日程。现在很多教授没有时间管自己的学生，我尽量地管我的学生，我保证每星期跟我的学生吃一顿饭，一边吃饭，一边谈学问、谈人生，这其实也是传统书院师生之间交流对话的一种方式。在整个大学体制西化的状态下，老师和学生之间保持比较多的对话、沟通和互动，在某种意义上就是尽可能地把传统书院精神嫁接到现代中国大学的一个尝试，但是，我再三说，这只是一个个案。中国特色社会主义和中国特色的大学，有很多事情不是个别人能够扭转的。

后　记

“浙大东方论坛”以“开放、前沿、交叉、综合”为宗旨，兼顾学术性和思想性，邀请国内外知名专家来我校讲学，演讲内容涉及哲学、政治、经济、考古、管理等多个领域。专家学者们拨冗赐教，砥志砺剑，对论坛的拓展和繁荣功不可没，在此谨表敬意和感谢！

本文集对2010年7月份之前的五十二场论坛进行总结回顾，主要围绕文化和思想这一大类主题，遴选了二十篇文章。由于篇幅的限制，我们不得不忍痛割爱，对文章进行了文字上的删节，还望作者见谅！肖军霞、惠春寿、李家春作了大量的文字整理工作，他们根据讲课录音，字斟句酌，在保持原意的基础上，力争以流畅的文字把演讲者的思想呈献给读者。这本文集的面世与他们的辛苦劳作是分不开的，对他们的耐心和细致表示谢意！

论坛开办至今，在我校文科发展领导小组的领导下，得到了人文、社科学部以及各学院、研究所(中心)的大力支持，也得到了宣传部、外事处、保卫处、各校区管委会等兄弟单位的友好协助，同时论坛的顺利进行也离不开校内相关教师的慷慨相助，他们或引荐学者，或担任主持，这里对他们的热忱和辛劳表示感谢！

此外，特别要感谢已经离开浙江大学社会科学研究院的领导和同仁，他们是周谷平、楼含松、褚超孚、朱新力、黄清华、蒋帆……，是他们塑造了社科院良好的工作和学习文化，并一直激励着后辈们务实求进，传承相续。还要感谢社会科学研究院的领导和同仁，论坛有条不紊地持续进行，其背后凝聚着他们的卓越领导和无私奉献。感谢浙江大学出版社的陈佩钰编辑和项梦怡、林墨白美编，正是他们的努力工作和精心策划，才使得本文集顺利出版。

最后，章雪富、王长刚等以不同方式为论坛的顺利举办和文集的整理出版提供了帮助，在此一并致谢！实际上，本文集是集体智慧的产物，向所有关心和支持本项工作的老师及朋友们表示感谢！

编 者

2012 年 2 月